ダンナ様が公務員の奥さまへ

退職金と年金で安心して暮らせる方法をお教えいたします

とりい書房

はじめに

編集担当
おばちゃん　京子より

ダンナ様が公務員の奥さまへ

これからの人生、不安ばかりですよね。
お金のこと、病気のこと、両親のこと、
子供達のこと、自宅のこと…などなど
いっぱいいっぱいの不安を抱えながら、
まだまだ三十年以上頑張っていかなければならない…

わかります。
私もそうですし、周りにそんな
奥さまがたくさんいます。

この前のお正月に帰省したとき、
姉から相談を受けました。
公務員のダンナ様が定年退職を迎えるので、
その後の生活が不安だと。
「あっ！　この話は本になる」と
編集者の直感が!!

生粋の文系主婦と、これまた勤続三十数年の生粋？の公務員のダンナ様の退職後の生活を奥さま目線で編集する。

さっそく企画を通し、姉に質問者になってもらい、制作を進めることにしました。

「不安」を「安心」にかえるには「その道のプロ」に聞くのが手っ取りばやい。

そこで登場いただいたのが堀川洋《ほりかわよう》先生です。
堀川先生は会計事務所の代表でもあり、
多くの大学で講師もされている

「お金と税金のプロ」。

特に「高額所得者の資産管理」と「相続」について は、あの有名人もあの社長さんも顧問になられている知る人ぞ知る専門家の先生。

弊社の社長の紹介で堀川先生から
お話を聞く形で本書をまとめていただきました。

いっぱいある不安の中でも最大なものは、
やっぱりお金のことですよね。
まずお金の不安を解消しましょう。

安心してください。
この本には、お金の不安をなくす
唯一無二の方法が書かれています。

まずこの本の結論を書きます。

**「ダンナ様の退職金と
年金だけでこれから生涯
安心して暮らしていけます。」**

そのためには次の要件を遵守してください。

一、投資はしない。

一、銀行・証券会社には近づかない。

一、無駄な税金は支払わない。

一、お金を生前に上手く贈与する。

一、健康なら生涯働く。

※本文にはこの要件の理由が詳しく書かれています。

総目次

第五章 老後の生活収支を試算する

第六章 退職金を守るためには

第七章 退職金を投資で増やす方法

第十章 財産の相続に係る税金

第十一章 生前贈与で相続税を節税

第十二章 最後に少しだけ話そう

第一章

PART 1

公務員とサラリーマンはどこが違うのか

section 1

「公務員は資本主義を経験していない」

この本はサブタイトルに**公務員**っていう名称が付いているけど、なぜなんですか?

それは普通のサラリーマンと公務員では**仕事の本質**が違うからなんだ。

だって九時から六時まで働いて、給料をもらっていれば同じサラリーマンじゃないんですか?

たしかに働いているという事実は同じかもしれないけれど、**働いている目的**が違うよね。

働いている目的は、給料をもらうためだから同じでは？

労働の対価として給料をもらうことは同じだけど、仕事の内容はどうだろう。

普通のサラリーマンは会社のため、**公務員の仕事は社会全体の福祉や奉仕が目的**ですよね。

よく知っているね。**普通のサラリーマンは会社の儲けのために働いて、その儲けの一部が給料**になっている。

公務員は公共福祉や奉仕のために働いて、**みんなが納めた税金の一部を給料**としてもらってますね。

そう考えると一方は儲けを目的とした会社のため、一方は損得なしの奉仕のために働いていることになるね。

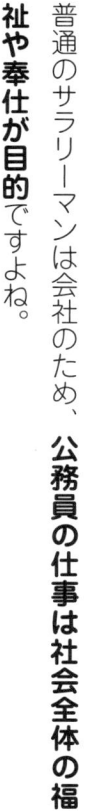

つまり公務員は、働く本質が誰かの儲けのためではなく**奉仕**ということなんだ。

公務員の仕事は細かいルーティン作業が中心で、売上ノルマとか儲けるなんて概念はないですね。

そもそも儲けるということは**資本主義経済独特**のことで、**資本家が労働者や消費者からお金を吸い上げること**なんだ。

たしかに大きな会社に勤めていれば、従業員や消費者からお金を吸い上げているイメージがあります。

公務員が退職してポツンと一人でこの資本主義経済の中に投げ出されたらどうなる?

それは、弱肉強食の世界ですから当然弱者は**ジャングルの中の小動物**みたいになりますよ。

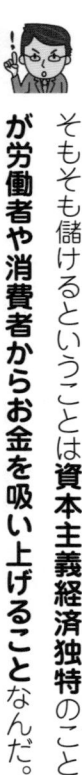

会社員と公務員の違い

会社は儲かるならばいつでもどこでも、それこそどんな方法をつかってでも取引相手から少しでも多くのお金を受け取ることを考えています。

これはアメリカ産で、本当は 100 万円なんです。
少し安くなってるんだね。
原価10万円だけど
80万円
営業マン

公務員の仕事は、社会全体への福祉や奉仕が目的です。誰かの儲けのために仕事をするわけではありません。

海上保安庁
教　員
警察官
自衛隊

少なくとも普通のサラリーマンは四十年間このジャングルの中で仕事をしていたから、資本主義のことはいやというほど経験している。

そう考えるとウチなんかは一般家庭と比べて、お金のことにはかなり疎《うと》いかもしれないわ。

そうなんだ、だから**公務員や、その奥さんは普通のサラリーマンより慎重にお金を守らなければならない**んだ。

私もこれまでお金のことには細かいと思っていたけど、これからはもっと慎重に考えなきゃだめですね。

それから、大事なのは、**旦那さんにもこのお金を守る**ということを自覚してほしいことなんだ。

ウチのお父さんなんか、お金のことにぜんぜん感心がないから余計注意させなきゃだめですね。

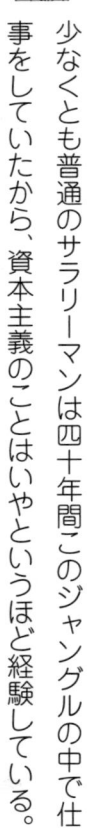

資本主義の構造

資本主義は財産がある者が、財産のない者を働かせて儲けることにより成り立っています。

section 2

「誰かが儲けていることを忘れるな」

今までもそうだったんだけど、これからは何か買い物や相談に行っても、**相手は儲けようとしている**ことを忘れないこと。

相手の言うことを何でもウンウンって聞いて、「なるほど～」なんて**簡単にイエスって言ってはいけない**ということですね。

特にこれからやることは、買い物、リフォーム、投資など**大きなお金が動くから**慎重に考えなきゃダメだ。

買い物や相談に行って、相手が丁寧で親切だからって、すぐに信用してはいけないということですね。

そうそう、まずは話を聞いて、**その場でイエスと返事をしない**ということがいちばん大事だから。

みんな儲けることしか考えていない

銀行窓口
普通の定期預金よりも大口定期の方が利息が多いですよ。
あけぼの銀行
リフォーム会社
他の会社なら1,000万円だけど、ウチは800万円で直しますよ。
ＹＨ建設
公務員の妻
ぜったいにウチのお金を狙っているわ。
退職金
信託会社
しばらく使い道がないなら、全額投資信託にしませんか？
ＳＨＢ信託

何を買いに行っても、相談に行っても相手は営業のプロだ。

ホントですよね。こっちにスキを与えないくらいペラペラと上手に説明しますよね。

ああいうトークも訓練されたものだから、素人とか気の弱い人なら全部信じちゃうかもしれない。

ウチのお父さんなんか、気が弱くて、しかもせっかちだから、すぐ「お願いします」なんて言っちゃうんですよ。

そういう時は隣りでキミが**はっきり断わる**か「**考えてみます!!**」って言わなきゃ駄目だよ。

同じ買い物、投資でも、**他の会社に行って再度相談**したり、**インターネットの情報**も大事ですよね。

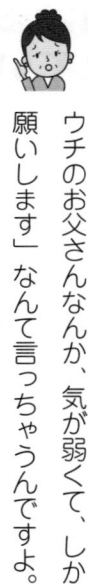

とにかく、騙《だま》すという言葉は悪いけれど、**相手を信用させて自分は儲けようとしている**ことは事実だから。

それなら、いろいろ相談に行っても騙されに行っているみたいで、いやですね。

いろいろな所で話を聞いて、帰ってから自分でインターネットなどで調べて情報を整理していくということだね。

そうすれば少しずつ**正しい情報**や**正確な金額**などもわかるということですか。

今の世の中情報が溢れているから、
これをひとつずつ**取捨選択**して
どうするのか決めるといいね。

section 3

「価格には儲けのカラクリがある」

当然のことだけど、資本主義の下では**売値の中に必ず売る側の利益がたっぷりと含まれている**。

いままで生活してきて、いろいろな物を買っていますけど、売る側の儲けなんてことをあんまり考えたこともなかったです。

ちょっと例が違うかもしれないけど、バーゲンセールなんかで利益還元って言われると買わなきゃ損って思わないかい。

たしかに**「利益還元」**や**「決算棚卸」**なんてキーワードに私たち主婦は弱いですよね。

だけどあれも**売る側ではちゃんと儲かるシステムになっている**からね。

バーゲンセールでも儲けている

いま、インターネットオークションなどで不用品を処分することがあります。

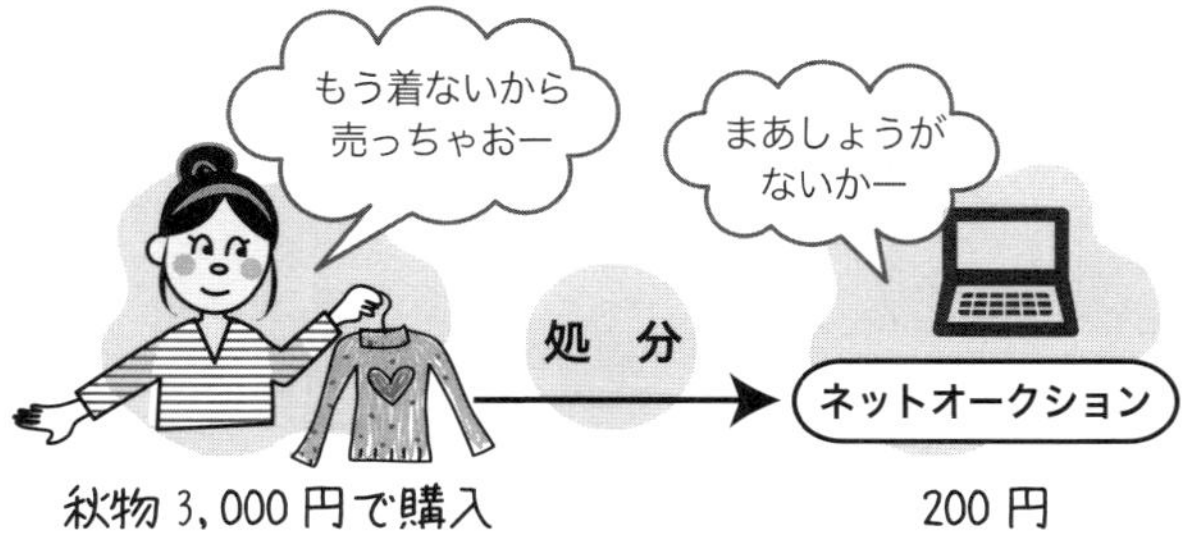

これは不用品の処分ですから、そもそも儲けることが前提になっていません。ところが、

という具合に商売は必ず儲かるようになっているということです。

結局、**物の売値の中には必ず売る側の利益がたっぷり含まれているる**ということなんだ。

私達消費者はそれを前提にして物を買っているんですね。

つまり資本主義は、この**物を販売して得られる利益により成り立っている**ということだから。

それじゃあ、みんな物を買わなければ資本主義は成り立たないということになるんですか。

そういうこと。それを証拠に、いま日本は**物が売れなくて不景気**が続いているだろ。

経済っていうのは本当に奥が深いというか、不思議な世界ですね。

売値の中の儲けの意味

売値の中には必ず売る側の儲けがたっぷり入っています。

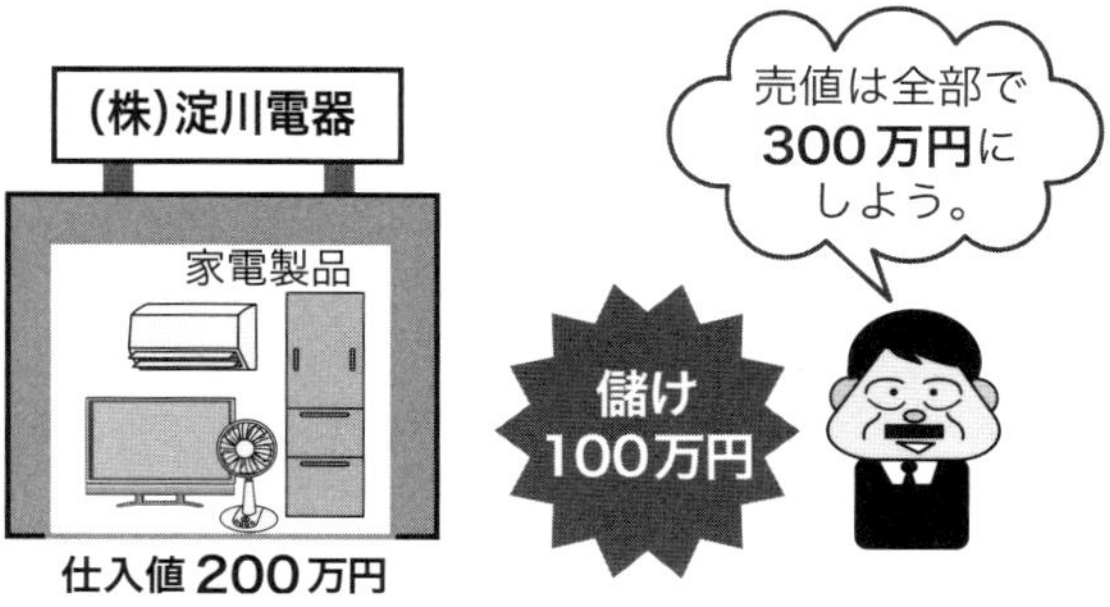

そしてこの儲けの中から諸経費、たとえば人件費や光熱費、家賃等を支払い最後に本当の儲けが出てきます。

販売による儲け		人件費等の経費		本当の儲け
100 万円	−	80 万円	=	20 万円

つまり最終的な儲けを増やすためには売値を上げるか、商品をたくさん売ればいいことになります。

section 4

「金銭感覚に注意しろ」

それから公務員の方々にはもうひとつ、儲けのからくり以外に**金銭感覚**にも注意してほしいんだ。

金銭感覚っていったいどんなことに注意するんですか。

そうだな、たとえばある買い物をするときに正価十万円だとする。

正価は売値ですから買いたいなら十万円支払わなきゃ品物は手に入りませんよね。

でもこれがもし会社が購入するとなるとどうなるかわかるかい？

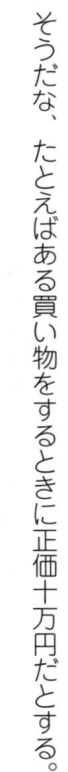

それは私達だって会社だって同じで、十万円の物は十万円で買うでしょう。

やっぱりそこが違うんだなー。個人でなら十万円で即購入するかもしれないけど、**会社ならまず値引き交渉**をするんだ。

十万円くらいの買い物なら、すぐ買えばいいのに。

十万円じゃ金額が安いけど、これが一千万円とか一億円だったら、ハイそうですかってお金の支払いはしないだろ。

そりゃそうですよ。まず金額を聞いて「ウーン」ってなりますよね。

会社ではやっぱり、できるだけ安く買って儲けることを考えるのが原則なんだ。**役所も見積りを取るけどどうしても自分のお金という感覚が低い**と思うんだ。

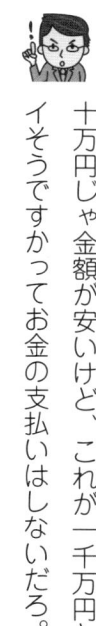

お父さんはよく**事前に予算**があって、その**範囲内で予算をきれいに使い切る**ことがすごく大事だって話してます。

一般的なサラリーマンなら**少しでも安いものを選択する**けど、公務員はどうだろう。

やっぱり、ウチのお父さんを見ていても普段から、そんなことにはあまり気を使っていない気がします。

何を買うにしても、使うにしても**世の中には相場っていうものもある**から、そんなことも意識しておいたほうがいいよ。

高い物は利益がたっぷり含まれていて、「**金額そのものも鵜《う》呑《の》みにするな！**」っていうことですね。

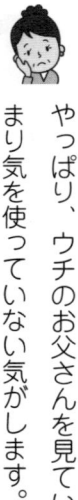

値段や金額をよく考える

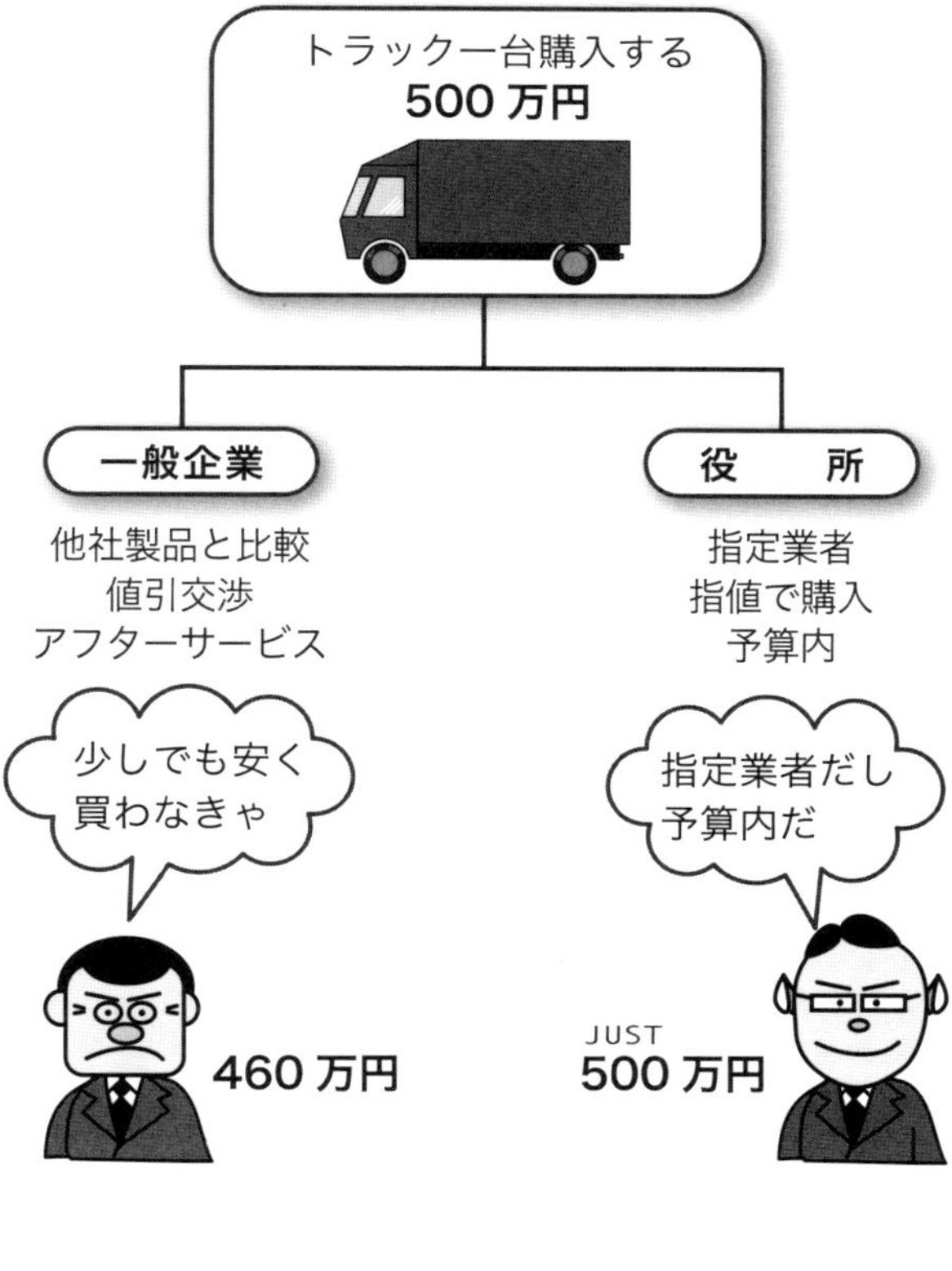

ウチのお父さんはいままでお金に関する業務を担当したことがないので余計心配です。

公務員の職種によっては、**まったく金銭と関係ない仕事**も多いからこれからは金銭感覚って大事だよね。

まして、生まれて初めて手にする大金だし、リフォームだとか投資だとかの金額も大きいから心配だわ。

二人でいろいろな所で話を聞いて、**金額が適正なのかどうか**判断しなきゃダメだよ。

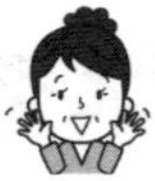

ほんとにウチのお父さんったら心細いから、私がちゃんとしなきゃダメですね。自覚します！

金額には細心の注意

お金の支払いをするとき、また何か物を買うときには相手の言葉を鵜呑みにして信用しないこと。

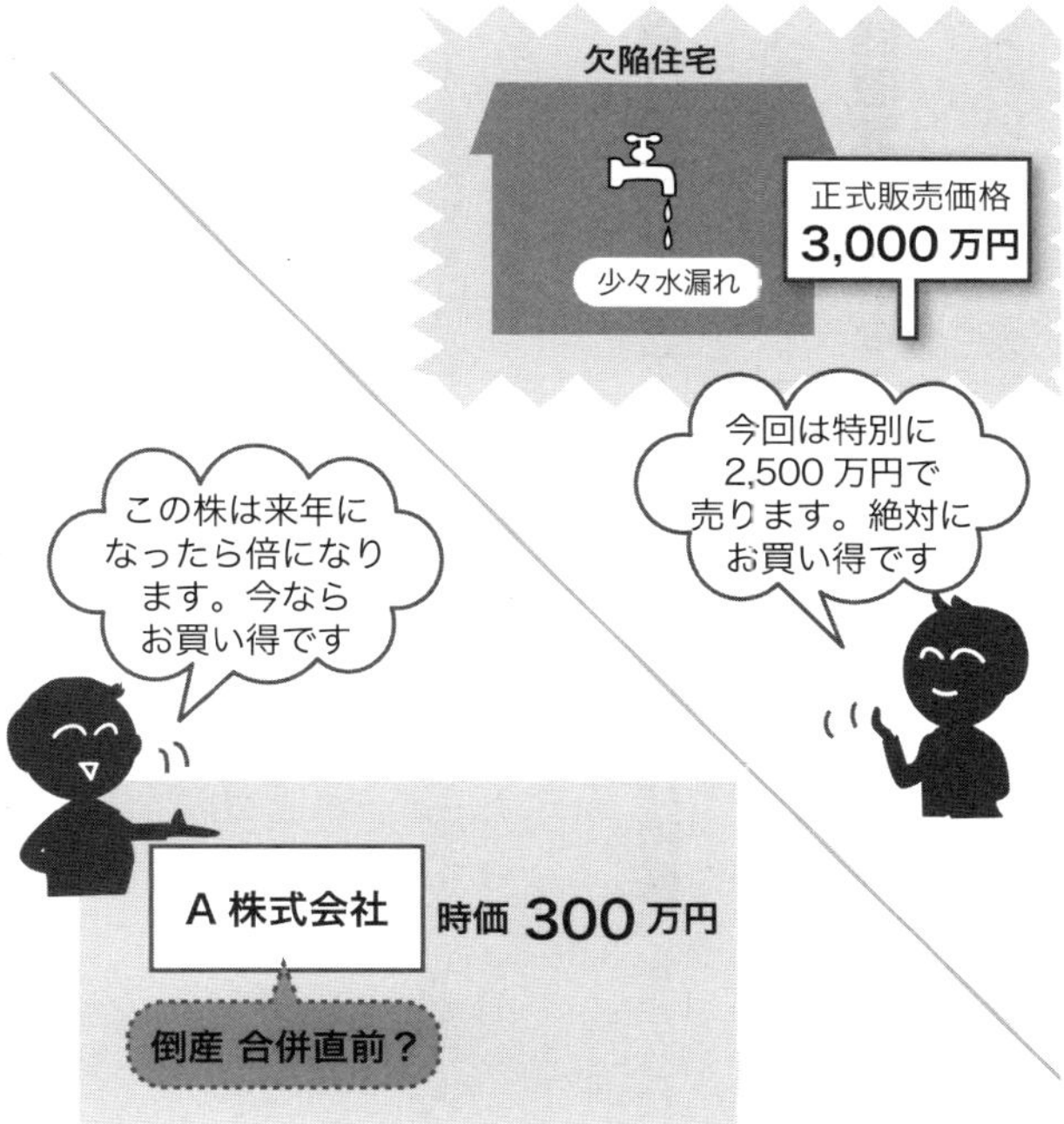

section 5

「公務員だからこそお金に敏感になれ」

いままであまり気にしなかったんですけど、経済のカラクリって難しいですね。

特にここ数年自分の同期や先輩が、公務員で立派な職位なんだけど、お金のことを知らなすぎて驚いたんだ。

やっぱり**公務員は職種によって、やっていることが特殊**ですからね。

もちろんそれは普通のサラリーマンも同じだけど、公務員っていうのはやっぱり**金銭感覚が低い**なと思うんだ。

公務員でも予算関係やお金に関する仕事をしている人以外は、まったくお金のことに関係してないですからね。

そんなことをいろいろ考えていて、出版社の編集者と話をして、できたのがこの本なんだ。

でもここまでまだ数ページですけど、私達が知らないことがいろいろ出てきて、ある意味驚きです。

とにかく、退職金は老後のための大切なお金だから、**守ることが大事**だからね。

そのためにもこれからはここまでで話をしてもらった経済や、世の中のカラクリを良く考えてお金を使います。

それじゃ次の話に進もうか。

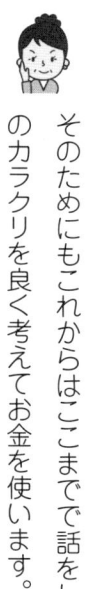

心得 その1

●資本主義の世の中では儲けようという輩がウヨウヨしている。

●これからは今まで以上に、金額などの金銭感覚には敏感に。

●銀行・信託・証券会社は規模の大小にかかわらず、公務員の退職金と年金を狙っていると思うこと。

第二章
PART 2

退職金はまずはそのままに

section 1 「まずその金額の価値を考える」

退職金は役所の退職金規定等から事前に**どのくらいの**金額が手に入るかがわかるよね。

そうです。私なんか、お父さんが五十歳位の頃から退職金の金額の計算を何度もしていましたから。

実際に凄い大金が手に入るんだけど、どんなイメージがあるかな。

金額が大きいのでなんかドキドキ、ワクワクっていう気持ちと、どうしようっていう複雑な気持ちですね。

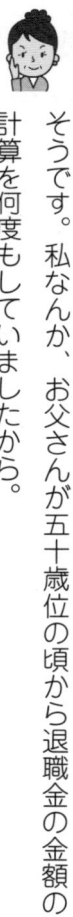

ダンナさんが四十年近く一生懸命に働いた成果だから二人とも感慨もひとしおってところだね。

なんか賤《いや》しいみたいなんですけど、早くもらいたいって気持ちもあるんですよ。

退職は年度末の日付でするけど、退職金は、**三月三十一日その日に支給されるわけじゃない**からね。

エッ～、三月末の退職した日に入金するのかと思っていました。

国や都道府県などによって差はあるけど、だいたい**四～五月になってから**受け取ることになっているから。

それじゃ、それまでお預けってことで、ドキドキして、今か今かと待ってなきゃならないんですね。

この前なんだけど、友人が退職金をわざわざ銀行から現金で全額引き出してきたって話をしてたよ。

それすごいですね。札束を実際に目の前にしたってことですよね。

テーブルの上に札束を置いて、家族で慰労会をやったらしいけどね。

でもウチのお父さんもこれまで四十年近く頑張ってくれたんだから、「家族で感謝」っていう気持ちわかるなー。

やっぱり**通帳の三〇〇〇万円**という数字と**三〇〇〇万円の札束**じゃ、実感が違うよね。

現物を見ておいた方が、その価値というのもわかるし、大切にしなければという気持ちも実感しますよね。

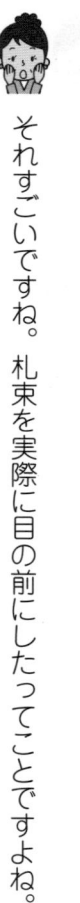

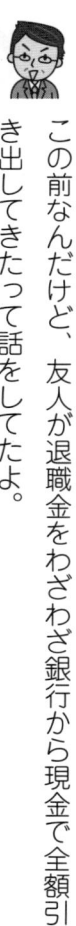

まずはその金額を実感してみる

人間一生の内でも、ウン千万円というお金を手にするチャンスはそう多くありません。今回の退職金受け取り、不動産の売却、遺産相続など限られた機会だけです。

通帳の数字を眺める

預金通帳

4/25
○○共済　30,000,000円

札束に触ってみる

夫婦で、そして家族でこれまで頑張って手に入れたお金です。その価値を何日間、何週間か掛けてじっくりと実感してください。だんだんとその価値の重みがわかるはずです。

二人でよく
考えようね
こんな大金
どうするんだ…
3,000万円

section 2

「退職金にも容赦なく税金が」

それで、がっかりさせるかもしれないけど、**退職金にも税金がかかる**からね。

えっ〜、それじゃ全額もらえるわけじゃないんですか。なぜそんなイジメをするのかしら〜

退職金は給料と同じように労働対価の後払いの性格があるから、**所得税**も**住民税**も引かれるからね。

それってやっぱり退職金の金額が大きいから、税金も高いってことじゃないでしょうね。

安いとは言えないけれど、やっぱり所得税も住民税もその点は少し考慮してくれているよ。

まず、退職する前に役所の経理に「**退職所得の受給に関する申告書**」という書類を提出するから。

ああ、その書類は、この前お父さんが持って帰ってきて、何だろうねなんて言って書いていました。

だいたいどこの役所でも、退職者にはこの書類を退職前に事前に書かせるから。

もしこの書類を出さないとどうなるんですか。

退職金からけっこう多めに税金を引かれちゃうんだ。でも確定申告で戻るんだけどね。

とりあえずウチは税金は少なくて済むということですね、安心、安心。

差し引かれることになる所得税と住民税は**退職所得の控除額**というのをマイナスしてから算定するよ。

またその計算が面倒なんじゃないですか。

ちなみに勤続年数が大卒で三十八年間だとすると、この控除額は二〇六〇万円になるから。

そんなに控除してくれるんですか。それいいじゃないですか。

退職金からこの**控除額をマイナスした後で、さらに二分の一した金額に税金が掛かる**から。

さらに二分の一なんて、ますますお得な感じね。

退職金の税金を計算すると

仮に22歳から60歳まで38年間勤務して、退職金3,000万円をもらったとして、所得税と住民税の額を計算してみます。

1　退職所得控除額

800万円＋70万円×（38年−20年）＝2,060万円

2　退職所得の金額

（3,000万円−2,060万円）× $\frac{1}{2}$ ＝470万円

3　所得税額

470万円×20%−427,500円＝512,500円

4　住民税

470万円×10%　＝470,000円

（所得税額＋住民税＝ほぼ100万円）

5　退職金手取額

30,000,000円−（512,500円＋470,000円）

＝29,017,500円

もし経理で何にもしてくれなくて「退職所得の受給に関する申告書」を提出していないときはどうなるんですか。

そのときは、悔しいんだけど、**退職金の支給額の二十%が所得税**として天引きされるんだ。

それじゃあ、三〇〇〇万円の二十%だから、所得税だけで六〇〇万円ってことですか。

申告書を出しておくのとおかないのじゃあ、天引きされる金額がぜんぜん違うことになるんだ。

それじゃあ申告書を提出していない人はかわいそうですね。

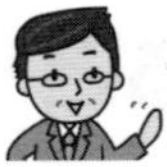

でもね、**翌年の三月一五日に確定申告をすれば、税金は戻ってきて、結果、出した人と同じだけ税金を払ったことになる**から。

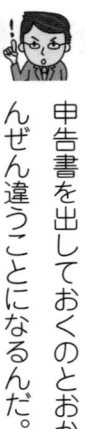

退職金の確定申告

勤務先の経理に退職前に「退職所得の受給に関する申告書」を提出していない場合は、退職金収入額の 20% が源泉徴収されてしまいます。でも確定申告をすれば超過分は還付といって払い戻してくれます。

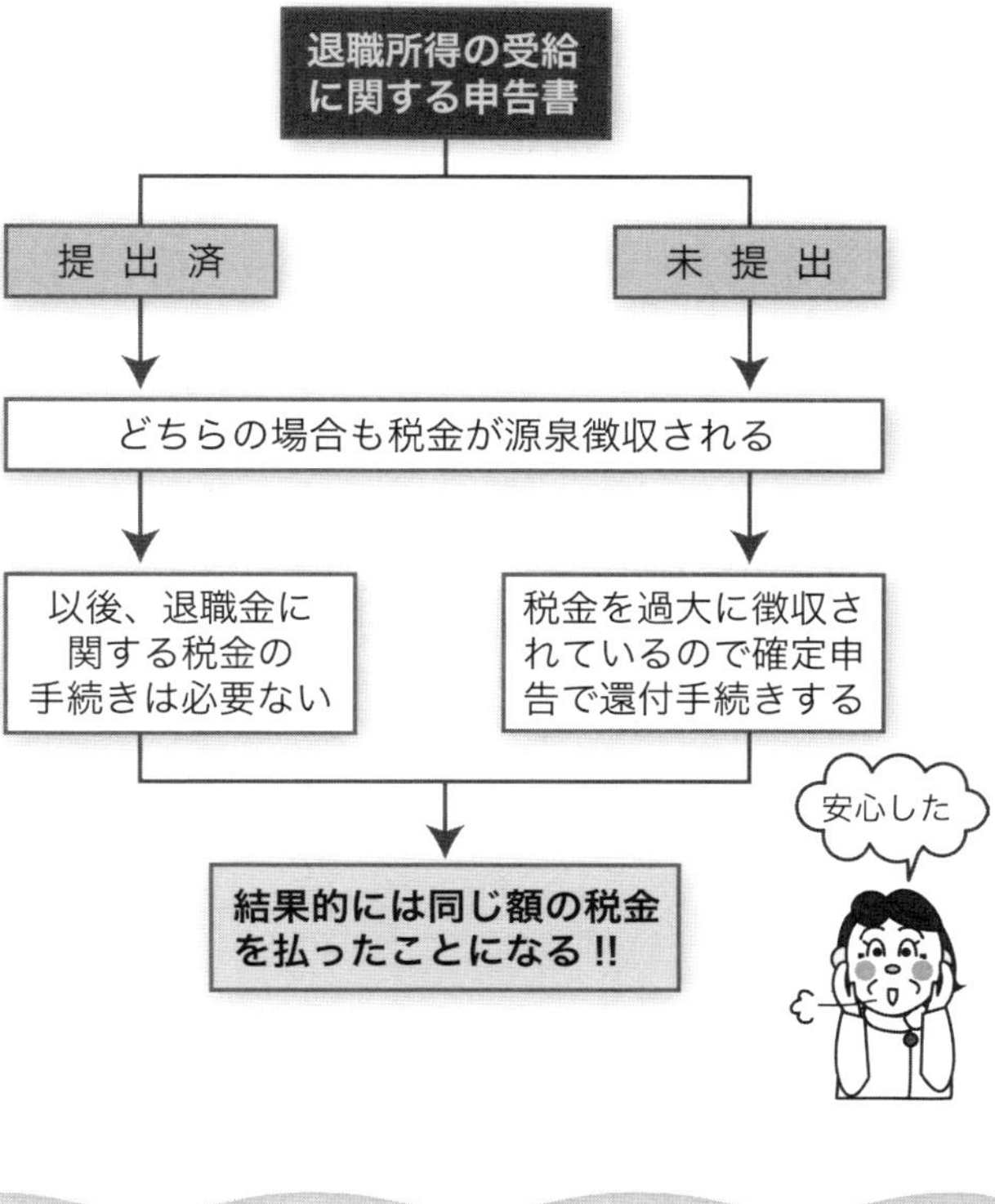

section 3

「自分へのご褒美《ほうび》はいらない」

世間でよく**自分へのご褒美**なんて言葉を耳にするよね。

私なんかもいつも家事頑張っているんで、毎日プチご褒美だらけですよ。

ご主人は、**退職記念**に何か大きな買い物をしたいって言ってないかい？

なんか、オーディオが欲しいなんて言っているんですけど、金額が百万円もするんですって。

実は、私もサラリーマンを退職したときにね、記念にロレックスの時計を百五十万円で買おうと思ってかなり悩んだよ。

妻も普段なら絶対に許さないけど、四十年働いた見返りで許してくれるかなあ〜なんて思ってね。

それで先生もロレックスの時計買ったんですか。でも見たことないですよね。

何度も何度も現金を持って大手町に買いに行ったけど、結局買わなかったんだ。

なんだか、せっかくのご褒美なのに絶好のチャンスを逃しちゃった感じですね。

いやいや、今考えると買わなくて良かったと思っているよ。おじいさんがロレックス・デイトナでもないからね。

それでその百五十万円はどうしたんですか。何か別の物を買ったんですか。

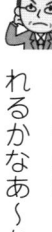

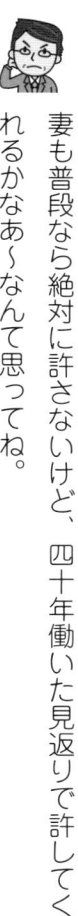

特に他の物を買うこともなく、そのまま私名義の普通預金に残っているよ。

でもまた何か他の物が欲しくなれば、そのときに使えばいいですよね。

いや〜。でも、今度は何か大きな買い物をしようと考えても、退職金をもらってしばらく経っているからね。

気持ちも時間の経過とともに、冷静になるってことですね。

いや、でも、いま考えると本当に**無駄な買い物をしなくて良かった**と思っているよ。

大金を手に入れたときの**無駄使いに注意しなければいけない**ってことですね。

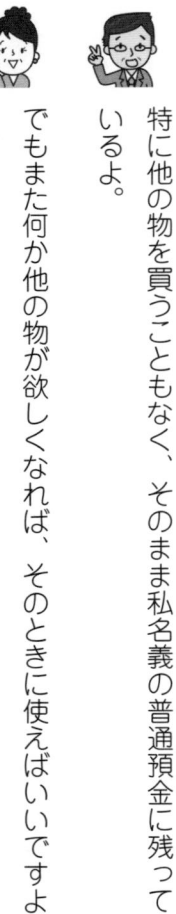

自分へのご褒美に要注意

誰でも、退職金をもらったら、いままで我慢していた物を買いたいと思うのは当然かもしれません。でもよく考えると本当に、買っていいのでしょうか。

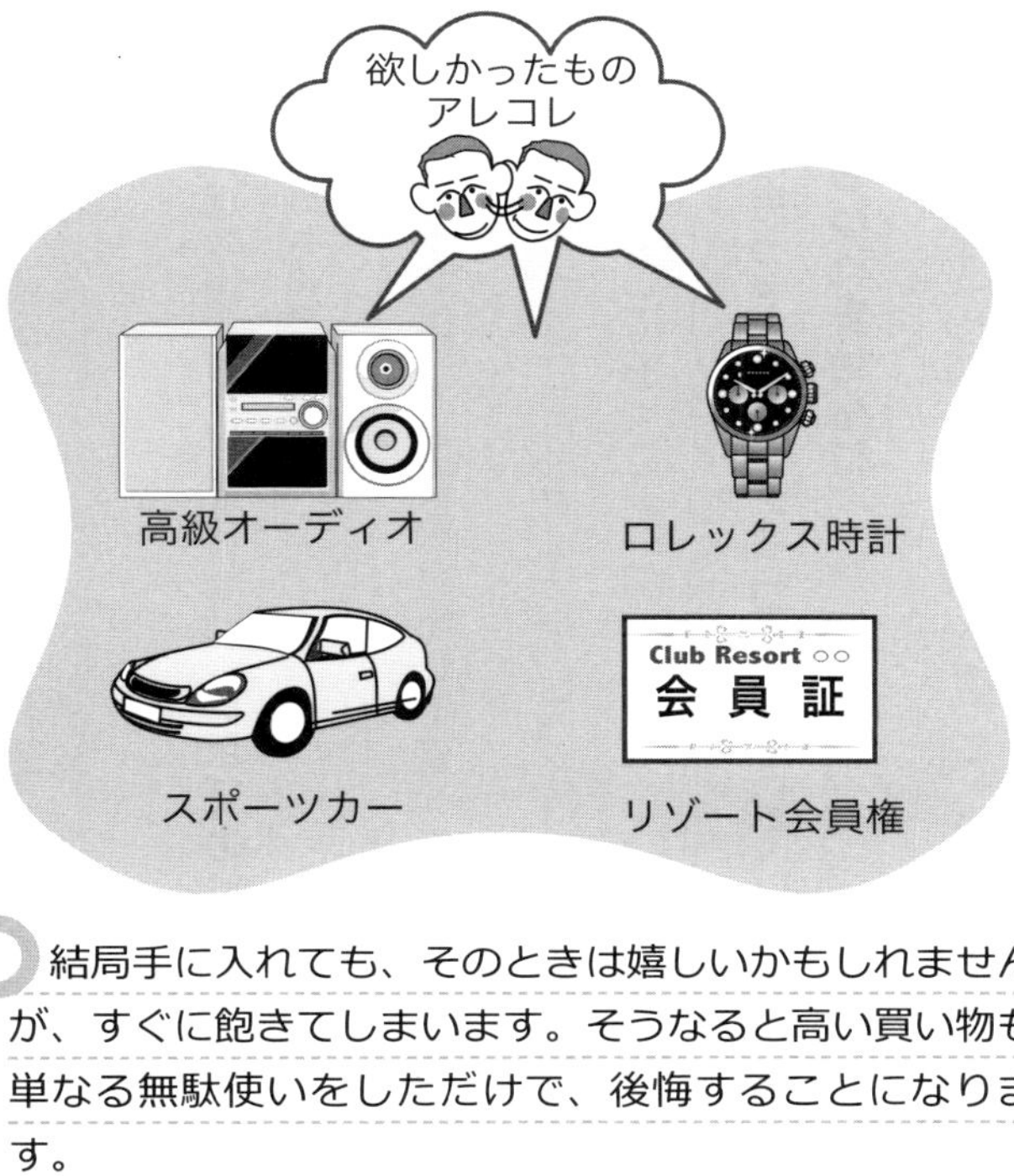

結局手に入れても、そのときは嬉しいかもしれませんが、すぐに飽きてしまいます。そうなると高い買い物も単なる無駄使いをしただけで、後悔することになります。

section 4

「使い道が決まるまでは普通預金でよい」

退職金は、役所に特別な指定をしなければ、**今までの給料と同じ預金口座**に振り込まれるから。

事前にいろいろ考えてあれば、すぐに引き出して使っちゃいますね。

ただ、将来のことや子供達のことも考えて、しっかりした使い道を決めるまではそのままにしておくこと。

なんか少しぐらいと思って**チョコチョコ引き出していると、すぐに減っちゃうかもしれませんね。**

けっこうそれで、気が付くと数百万円くらい使っているなんてことがあるから注意しなきゃだめだ。

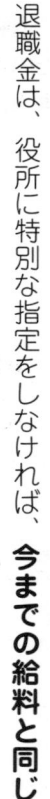

それから、退職金が入っている銀行の担当者が、早速営業にやって来て、**定期預金**を勧めるかもしれない。

そりゃー、普通預金にしておくより定期預金にする方が利息がいいから、当然って考えますよ。

でも、今はこんな景気だから、**大口預金や定期預金だって、一年間の利息なんかたいした額じゃない**から。

それでも主婦は、どっちが得かって、すぐに考えちゃうんですよ。

さっき、注意したことを覚えているかい。まず、営業が来たら**相手は儲けようとしていて、獲物を探している**んだということだよ。

あーそうだった。それがありましたよね。用心用心ですね。

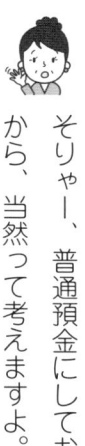

定期預金にも**いろいろな種類**があって、銀行やゆうちょの営業担当者はそれはもう熱心に説明してくれる。

主婦はその説明のときに粗品とかもらうと、フラフラってよろめいちゃうんですよ。

美徳のよろめき（？）だね。でも**今の定期のたぐいは利息にも魅力がない**し、**途中解約なんて元も子もない**からね。

こっちが公務員だからって、甘く見られないように、粗品だけもらって、「ちょっと考えます」って断ります。

日本語は便利だから、「ちょっと考えます」っていうソフトな断り方ができていいよね。

また後で「いかがですか？」なんて、しつこく来るんでしょうけど、その時はノーってはっきり言います。

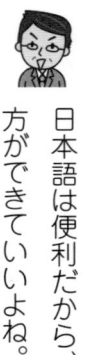

退職金は普通預金で保管

銀行では個人口座でも、大口の入金をチェックしています。例年４～５月には、個人口座に高額の退職金が入金されるので、毎日チェックしていれば一目瞭然です。

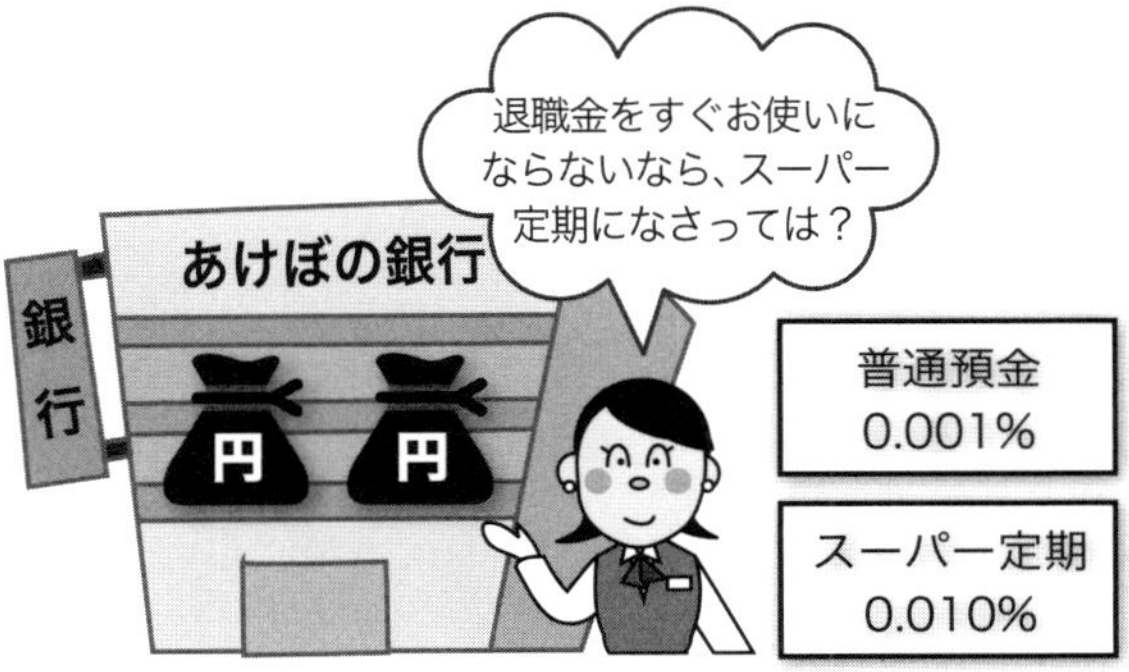

冷静に考えると 3,000 万円の退職金を一年間普通預金にしておいても、スーパー定期にしておいても、その差は 2,700 円。

普通預金	30,000,000 円×0.001％＝　300 円
スーパー定期	30,000,000 円×0.010％＝3,000 円

銀行はこのスーパー定期として預かったお金を、誰かにもっと高い金利で貸し付けて儲けることを考えています。

section 5

「普通預金ならどこがお得か」

普通預金のままといっても大手の都銀や地銀、駅前にある信用金庫や信用組合、ＴＶのＣＭで見る農協のＪＡとかあるし、さらにゆうちょとかありますよね。

都銀はＭ銀行など大手、地方銀行は都道府県名のついた中小、信用金庫や信用組合は地域密着型の銀行ということになる。大手だから安心で、地域密着だから親切だというような違いと考えればいい。

それぞれの違いはあるんですか。

どれも同じだけど、突き詰めれば規模や営業方針、それから設立の法的背景が違うということだね。

都銀、地銀、信金、ゆうちょの違い

基本的にはどこも同じで、経営が株式会社なのか組合なのかの違いで、預金や融資のサービスは同じです。

選択する理由

1	引出等の利便性	都銀はCDコーナなどが多くあります
2	振込料の料金	同一銀行相互間は廉価
3	将来の融資	将来少し借入れをするときは考慮される
4	地域密着	地銀や信金は営業担当者が来訪してくれる
5	信頼性	都銀ならではの安心感
6	ペイオフ	金融機関の預金はどこでも1千万円は預金保証をしてくれる

退職金は全額同じ銀行に預け入れるのではなく、ペイオフ制度や利便性のことを考慮して、いくつかの銀行に分散しておくようにしましょう。

それで結論はどこに預ければ得なんですか。

早速インターネットで調べると全国普通預金金利ベストテンみたいなものがわかる。

なんか僅かな金利の差で遠くの銀行にわざわざ口座を作るのもちょっと抵抗ありますよね。

さらにあまり馴染みがないかもしれないけど、ネットバンキングというのも利率が良いよ。これだとクレジットカードの延長みたいなもので振込みなどが楽で便利だ。

スマホやパソコンが普通に操作できるならネットバンキングって魅力ありますね。

年配者だと、お金をパソコン操作で預けたり振り込んだりすることにちょっと抵抗があるかもしれないかな。でも、振込みなどが楽で便利だ。

預金はネットバンキングがベスト!!

退職金は結局のところ都銀のネットバンキングとインターネット専用銀行に分散して預け入れるのがベストです。

❶ **利用できる銀行** …… 都銀、地銀、ゆうちょの口座があれば申込をすると即利用可

❷ **インターネット専用銀行** …… R銀行等の実店舗のない銀行もあるが、安心して利用できる

❸ **残高確認、振込み** …… 預金残高確認や振込み、振替えや入出金また定期預金の預入れや解約もインターネットで可能

❹ **金利、振込料金** …… 金利が少々高く、振込料が安いメリットがある

❺ **IDパスワード** …… これは忘れたり、他人に知られないように注意する

インターネットで
貯金するなんて
大丈夫なのか？

心得 その2

●退職金は、普通預金でしばらくそのままにしておくこと。

●金額に気がゆるんで、自分へのご褒美などは我慢すること。

●退職金からも所得税と住民税が源泉徴収される。

●銀行の破綻や利便性を考え、複数の銀行に預金しておく。

●預金は、利率と利便性から考えると、都銀のネットバンキングとインターネット専用銀行の両立がベスト。

第三章

PART 3

使い道について計画を練る

section 1

「現在の自分の財産状態を分析せよ」

それじゃそろそろ退職金の使い道について考えてみることにしよう。

退職金はもらう金額がわかっているんですけど、その使い道には、ほんと悩んでるんですよねー

さっきも話したけれど、何もせずに**しばらくそのまま普通預金にしておき、ゆっくり使い道を考えればいい**から。

そうとはわかっていても、子供達もなんか当てにしているみたいだし、どうしたらいいいですか。

まず使い道も関係するけど、**現在の自分たちの財産状態**というのをしっかり把握することが大事だよ。

ああそれ知っています。**バランスシート**っていうのを作るといいんですよね。なんか昔大学でやりましたよ。

そうそう財産も借金もありのまま、どのくらい自分にお金があるのかを一覧表にしたものだ。

ウチは官舎にしばらく住んでいて、一戸建てを買ったのも遅くて、**住宅ローン**なんかもけっこうあるんです。

人によっては、**住宅のリフォーム**なんてこともあるから、自分の財産価値の見極めが必要だ。

でもだいたいの人は財産といっても、預貯金と住宅、それから住宅ローンの残りっていう程度じゃないですか。

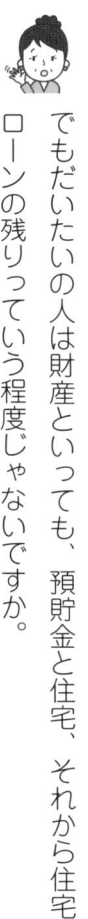

ただね、このバランスシートは単純に今の財産や借金をリストアップするだけじゃダメなんだ。

だってバランスシートは、現在の財産の状態を示すって言ったじゃありませんか。

たしかにそうなんだけど、**近い将来かなり確実に支出しそうなものはマイナス財産**として考えるんだ。

そうすると**住宅ローンの完済**だとか、**娘の結婚資金**なんかは確実な支払いと考えるんですね。

あとは**退職記念旅行**とかを考えていれば、こういうものもやっぱり載せておくこと。

なるほど。そうすると退職金も含めて**本当に残った金額が老後の私たちの財産**ってことなんですね。

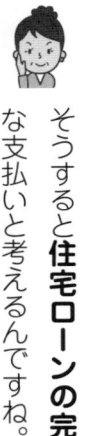

個人バランスシートを作成する

退職金を受け取った後で、現在の自分の財産や借金、また近い将来、支払いが確実なものをリストアップして自分の本当の財産額を考えてください。

山田家バランスシート

（単位：万円）

	内　訳	内　訳	金　額
財産項目	銀行預金		
	従来分	230	
	退職金分	3,000	
	有価証券	20	
	住宅	2,800	
	動産一式	10	
	小　計		6,060
支出項目	住宅ローンの残額	800	
	カードローンの残額	80	
	来年の長女結婚資金	250	
	退職記念旅行	70	
	自動車ローンの残高	50	
	小　計		1,250
正味財産残高			4,810

section 2

「合理的な使い道の配分を考える」

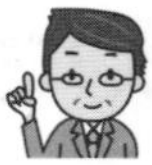

現時点のバランスシートを作成してどれくらいの財産があるのかを分析したね。

案外少ないような気もするんですけど、住宅分がかなりの割合を占めていることがわかりました。

やっぱり**現金や預金というのはそう考えるとそれほど多くない**んだ。

現金や預金が比較的少ないとなれば、ますます使い道を慎重に考えなきゃだめですね。

そういうことだね。そこで**正味財産を考慮して大まかな使い道**を考えるんだ。

だいたい大きく**三区分、買うべき物、貯める分、贈与する分**の三つ、さらに、**もしもの時の分**で**四区分**かな。

買うべき物っていうのは、**リフォーム**とかですよね、そして貯めるというのは**貯蓄分**ということですか。

投資のようなことをするかどうかも含めて、そのままにしておくということだね。

贈与というのは子供や孫に、**一部財産を贈与**するということですね。

死んでから相続っていう考えもあるけど、**いまは贈与税の非課税措置**があるから、**贈与を利用した方がいい**ね。

昔のように死んで財産を相続させるという考え方はもう古いということですね。

それぞれ家庭の事情や親の考えもあるから、**ご主人と二人でよく話しあって使い道**を考えること。

だから、ウチのお父さんそういうことにぜんぜん関心がないから、結局私が考えるんですよね。

まあまあ、いままでも家計を預かってきた「大蔵大臣」なんだから、その延長で考えればいいから。

そう考えると大金の予算を考えるなんて責任重大ですね。

でも、これからのバラ色の老後人生のための設計だから、**二人で幸せになれるような使い道**を考えるんだよ。

そう考えるとあんまり無理して貯め込んじゃダメですよね。

使い道を配分してみる

退職金を含めて現在の預貯金を、今後どのように使うのかを、おおまかに配分して考えてみましょう。

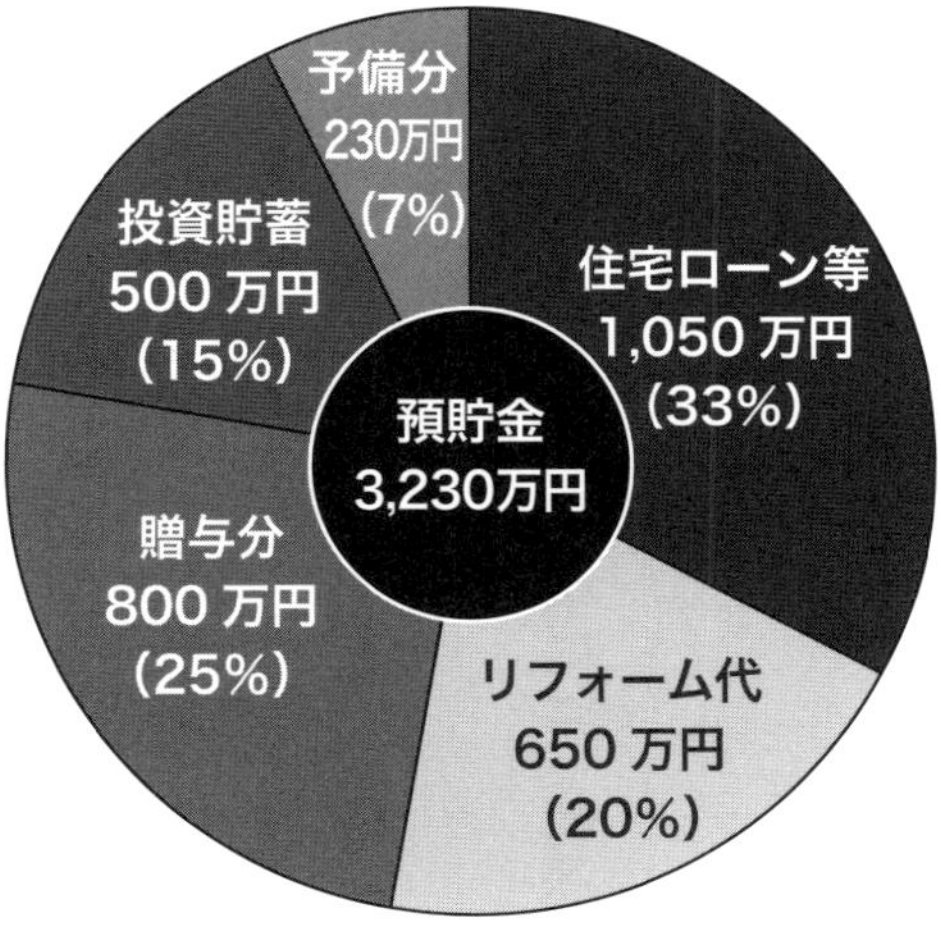

配分に納得できないときには、住宅ローン等の返済以外の、急を要しないものの金額を増減させて、何度も配分を試算してみましょう。

配分が決まらないときは、使う目的がはっきりするまで普通預金のままにしておきます。

section 3

「直近で支払うべきもの」

まず退職金が手に入ったらいちばん最初に考えなければならないのが、**借金の返済**だからね。

だって住宅ローンとか、今まで通り毎月支払っていればいいんじゃないですか。

いやいや分割払い**ローンの金額の中には、利子部分といって借りた元金以外の分が含まれている**んだ。

そうするといままで通りの支払いを続けるということは、これからもその**ムダな部分**を支払うことになるんですね。

結局、ローンの中の**利息部分が支払先の儲け**になっているということだからね。**ローンは全部返しちゃった方がいい。**

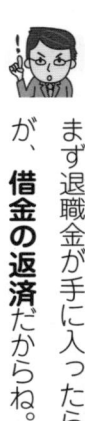

ローンには利息が たっぷり含まれている

分割払いをしているローンは一般的に元利均等返済といって、毎月一定額を返済するようになっています。したがってその支払額の内訳は次のように構成されていることになります。

元利均等返済

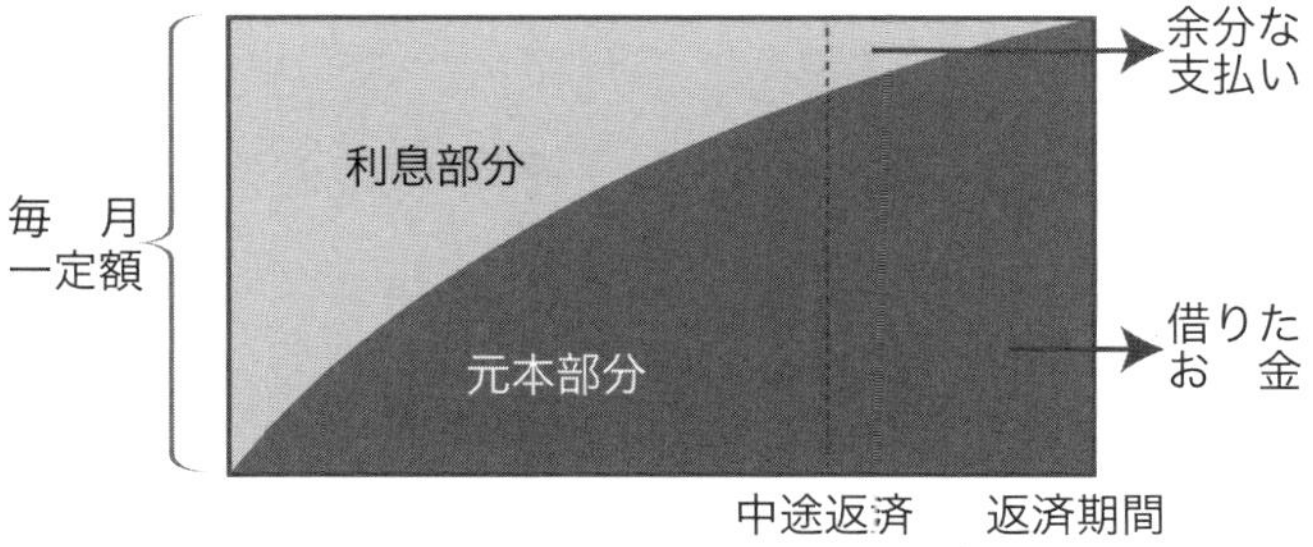

早くローンを返せば返すほど、利息分にあたる余分な支出をしなくてすむことになります。したがって退職金が入金したら、できるだけ早くローンの清算をする手続きをすること。

section 4

「リフォームで無駄使いはするな」

ウチの住宅も築二十年以上経っていて、あっちこっち古くなっているから直したいんですよ。

いっそのこと取り壊して、**子供に資金を一部贈与して**建て替えるという考えもあるけどね。

たしかにそれも考えてはいるんですけど、とりあえずトイレと台所の水まわりと屋根と外壁補修をしたいんですよね。

どうしても傷みやすいところだし、気になるところだから**補修は最低限必要**だね。

それでこの前見積りしてもらったら、意外にお金がかかるんでビックリしたんです。

住宅補修時の注意事項

いくらお金を掛けても、古い家はちょっと良くなるだけ。リフォーム業者のたくみな営業トークに騙されないこと！

補修プラン検討項目

① 取壊し、建替え	数年内に子供名義での建替えを検討しているなら我慢する
② 施工業者	必ず数社の異なる業者に見積らせ、会社の評価レビューも参考にする
③ 最低限の範囲	せいぜい 10 年程度と考え、大規模な改修等はしない
④ バリアフリー	バリアフリーが必要な頃はケアホームにいると考えること
⑤ 一人住まいの考慮	将来どちらか一方が暮らすことも考え住宅内をコンパクト化する

section 5

「価値のない贈与はするな」

いま政策的に、**高齢者に無目的にお金を貯め込ませないで、どんどん次世代に贈与をさせよう**としているんだ。

だって贈与して何十万だかを超えると贈与税がかかるんですよね。

正確には**年間百十万円を超える贈与には税金がかかる**んだけど、別に非課税枠があるんだ。

一方で百十万円超で課税、他方で非課税っていう政策も節操がないですね。

それだけいまの日本経済が不況で、なりふり構わず景気を回復させたいということなんだ。

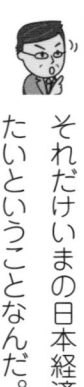

消費税率を「上げる、上げない」のときもそうだったけど、結局景気のために税率アップを見送ったよね。

そう考えると税金というのは、国の景気に大きな影響力を与えるんですね。

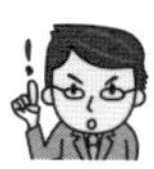

バブル崩壊から日本の経済構造が大きく変化して、もう何年も経つけど一向に景気は良くならない。

税率や非課税なんて小細工をしたところで、いまさら手遅れってことなんですね。

だからこそ今回の**退職金も夫婦二人だけじゃなく、子供達のために有効**に使わなきゃだめなんだ。

そうなると子供への贈与も積極的に考えた方がいいですね。

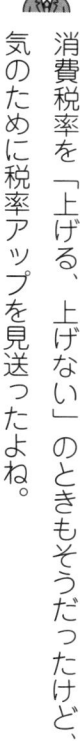

ウチは長男が結婚して孫二人、長女はやっと来年お嫁に行ってくれることになってほっとしてます。

長男は賃貸住まい、それとももう持ち家があるのかな?

私達は、建て替えて同居なんて話もしてるんですけど、お嫁さんがちょっとねー。やっぱりいろいろあって…

最近は同居はあまりしないし、両親の住んでいた古い家を相続しても、すぐ処分してしまうっていうケースも多い。

それで**家を残すか住宅資金を多めに贈与するか**で少し悩んではいるんです。

そんなときは家族でよく話し合って、場合によっては住宅を生前に処分して**現金を贈与したり相続する**っていう考えもあるね。

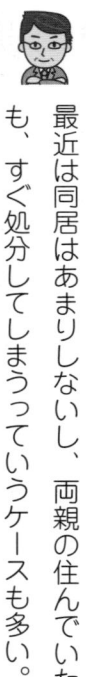

贈与の目的と時期は適切に

年を取ると気が弱くなったり、情緒に流されたりして、無計画、無目的な贈与をしてしまうものです。いまのうちから家族全員でいつどのような目的で贈与するのか、さらに残った財産はどうやって相続するのかを話し合っておくことが重要です。

現金贈与の注意点

1. いつ誰に何の目的でどのくらい贈与するのか
2. 贈与の見返りとして、同居、介護等のことも確認すること
3. 兄弟間で不公平が生じないように
4. 結婚して出ていく次男や長女等にも配慮
5. 贈与後の相続時の財産まで考慮する
6. 後で、揉め事が生じないように家族全員の同意を得る

子供への**住宅資金贈与**以外にも、**結婚資金贈与**の非課税もあるからね。

それは子を持つ親としてはありがたいですよね。

詳しい贈与税の説明、非課税枠は第十一章で話すことにして、ここでは贈与計画を説明しよう。

つまり、子供たちにどんな目的で、どの時期に贈与するかということですね。

贈与も相続と同じなんだけど、上手くやらないと、兄弟の仲を険悪にしちゃう場合もあるからね。

子供への贈与は慎重に検討する

子供達へのせっかくの贈与も、その内容や金額を誤ると将来悶着の原因になったり、贈与が無駄になってしまいます。

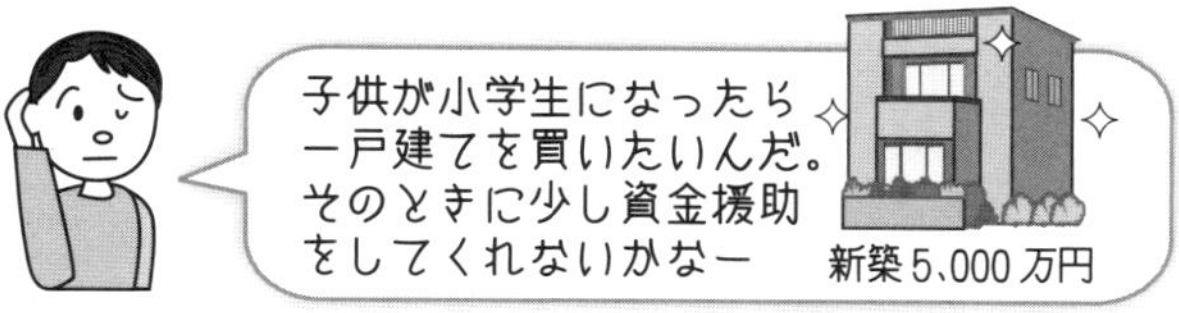
子供が小学生になったら
一戸建てを買いたいんだ。
そのときに少し資金援助
をしてくれないかなー
新築 5,000 万円

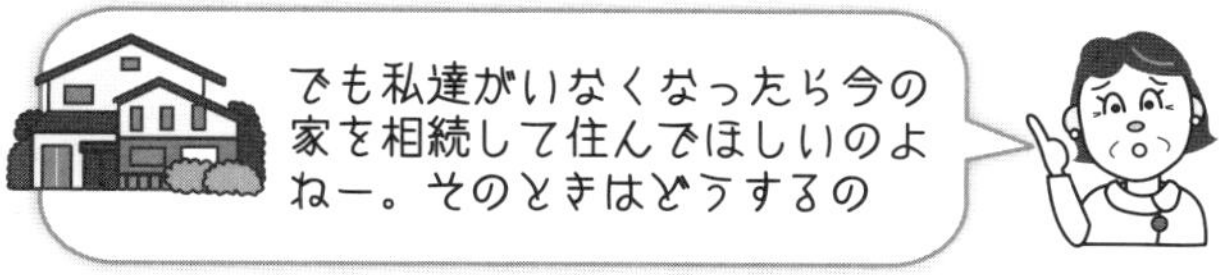
でも私達がいなくなったら今の
家を相続して住んでほしいのよ
ねー。そのときはどうするの

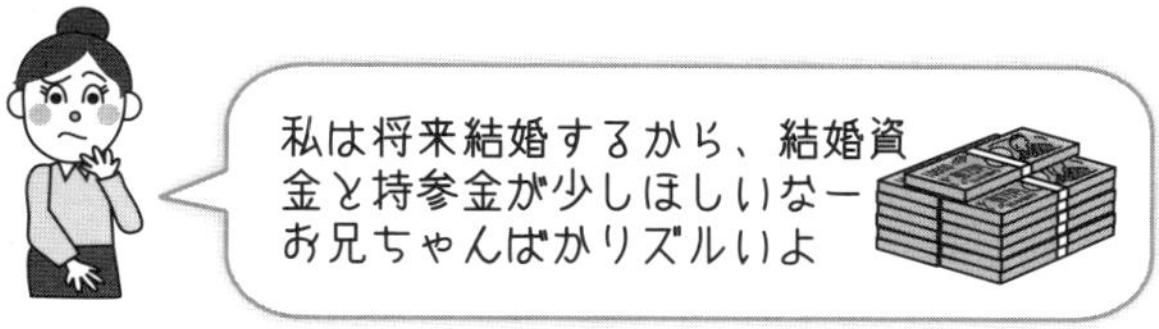
私は将来結婚するから、結婚資
金と持参金が少しほしいなー
お兄ちゃんばかりズルいよ

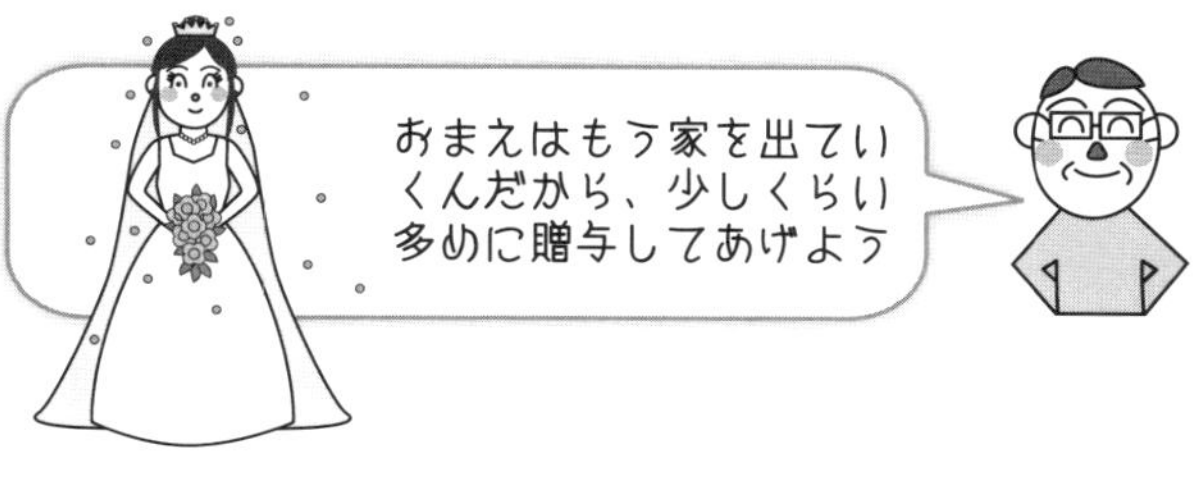
おまえはもう家を出てい
くんだから、少しくらい
多めに贈与してあげよう

section 6

「これまでの生命（医療）保険も要チェック」

いままで毎月あれやこれやで、二人で五万円近く生命（医療）保険を払ってたんです。やっぱりこれも将来を考えて契約変更とかした方がいいですよね。

生命（医療）保険に入っているのは、現役時代のもしもの時のためだよね。だから子供が大きくなってしまい、住宅ローンも完済してしまったら**生命保険の目的そのものも考え直す**ことだ。**そして保険の解約をしたり契約変更をした方がいい**。

どんなことを考えて生命保険契約を見直せばいいんですか。

大きくは三つ、まずは**医療**、**年金**、そして最後に**奥さんに少し残す**ことが基本だ。

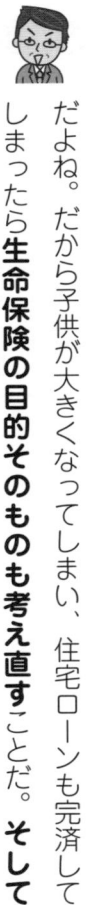

老後の生命保険

現役時代は家族のことを考えて高額な生命保険に入っているのが普通です。

家族のために・・・

- **住宅ローンの返済**
- **子供の教育資金**
- **家族の生活費の保障　etc・・**

でも老後は生命保険の目的も大きく変わります。

- **入院等の保障**
- **年金不足分の補てん**
- **死亡後の配偶者保障**

そうなると保険料も大きく変わることになります。

まずは高齢になり病気や入院が心配だから医療費のために最低でも**七十五歳できれば八十歳くらいまでの医療保険**に入っておくべきだ。

これはお父さんの分だけではなく、私の分もということですよね。

そうだね、これまでの生命保険はお父さんの収入保障という意味合いが大きいけど、これからは二人のためということを中心に考えなければならないよ。

でもいまって、**健康保険で高額療養費《りょうようひ》制度**っていうのがあるから、かなりの医療費の額をカバーしてくれるんですよね。

だからあまり毎月の支払額が多くなる入院保障はいらないね。

いろいろ特約を付けたりすれば、保険料も高くなるだけですよね。

それから**六十五**歳以降に年金が二十万円くらいしかもらえないなら不足分を生命保険からもらえればいいですね。

若い時から年金付きの生命保険に入っておくのが理想だけど、これから入るなら年金保障のある保険に入ればいい。特にこれは長期間少しずつ保険料を支払うのではなく**一括払いという方法で払込む**こと。

どうして一括払いをするんですか。

これは一括払いした方が、払込額と年金としての受取額を比べると分割払いするよりお得だからなんだ。

定期預金の方が利率がよいのと同じ考え方ですね。

そういうことだね。この個人年金の保険もどのくらいの保証をもらうかで払込額が違うから、あまり欲張って保証額を多くすると払込額も相当な金額になるよ。

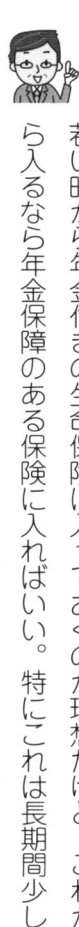

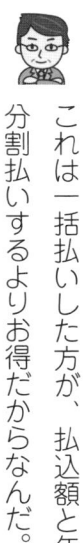

あとは**少しだけ奥さんに残すように死亡保険**に入っておけばいいね。

これはよく言う**葬式のための費用分**ということですよね。

そうそう、だから金額は多くなくていい。だいたいいまの**葬式費用の相場は二〇〇万円位**だから。

あとは生命保険以外にも**自動車や自宅の損害保険**なども今まで結構な額を支払っているから見直した方がいいですね。

家族全員が運転するという前提の自動車保険もこれからは必要ないし、家財等にも必要以上な保険を掛けておくことは無駄だと考えることだ。

そうやってどんどん無駄な支出を減らしていけば、私たちのお小遣いが増えていくんですよね。

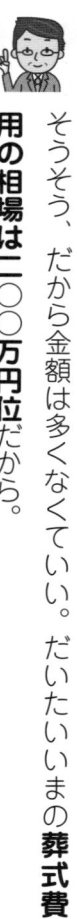

契約すべき生命保険は３種類

医療保険

現在の入院保障が 60 から 65 歳で終わってしまうものはＮＧです。65 から 85 歳まで想定をした保障に見直しをしましょう。また日額 5,000 円程度の入院保障やガンの特約も付けておけばベストです。

私も齢だ

個人年金保険

保険に
入るかー
年金が
ねぇ～

65 歳以上になり年金不足が不安なときは、退職金を使って個人年金保険に一括払いの契約をしてください。一括払いの方が分割払いよりも払込額が少なくてすみます。

死亡保険

死亡後の遺族に葬式費用や遺品整理などの事後費用の心配をさせないように 200 ～ 300 万円程度の死亡保険にはいっておくといいでしょう。

ナム

保険の見直し
も重要ね！

心得 その3

●バランスシートを作成し、将来の財産状況を把握する。

●住宅ローン等の借入金の返済を最優先に実行する。

●退職金の使い道は自分達のバラ色の老後を最優先に考えること。

●住宅のリフォームは、最低限にとどめる。

●子供への贈与は将来のトラブル回避を念頭に慎重に検討する。

●生命（医療）保険は全て解約をしてもかまわない。

第四章
PART 4

年金はどのくらいもらえるのか

section 1 「何歳から年金はもらえるのか」

年金は役所を辞めてもすぐにはもらえないんですよね。

昔は退職して六十歳からすぐにもらえたけど、今は支給年齢がどんどん上がってる。

それで実際は何歳からもらえるんですか。

ダンナさんの生年月日を考慮して左ページをみてごらん。

ウチのお父さんは昭和三十年十一月だから六十二歳からもらえるんですね。

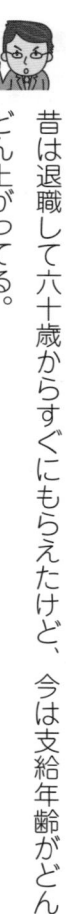

生年月日で異なる支給開始時期

特別支給の退職共済年金は、今後退職する公務員の生年月日により支給開始年齢が異なることになっています。

生年月日	昭和 28 年 4 月 2 日 ～ 昭和 30 年 4 月 1 日	61 歳より支給開始
	昭和 30 年 4 月 2 日 ～ 昭和 32 年 4 月 1 日	62 歳 〃
	昭和 32 年 4 月 2 日 ～ 昭和 34 年 4 月 1 日	63 歳 〃
	昭和 34 年 4 月 2 日 ～ 昭和 36 年 4 月 1 日	64 歳 〃
	昭和 36 年 4 月 2 日 ～	65 歳 〃

上記は男性の公務員が退職した場合に支給される退職共済年金の支給年齢を示しています。

昭和 36 年 4 月 2 日以降の生年月日の公務員は特別共済年金は受給できず、**通常の老齢厚生年金と老齢基礎年金を 65 歳から受給される**ことになります。

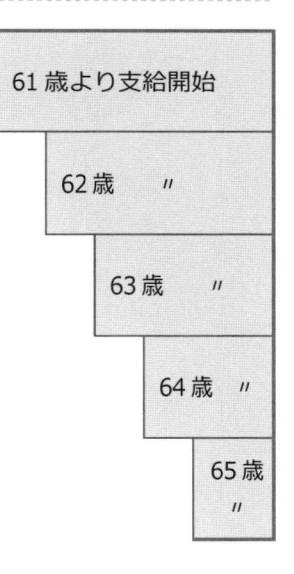

それで、この六十五歳前にもらえる年金は本当の年金ではないんだ。これは「**特別支給の退職共済年金**」といって、**在職中の給与の金額を基本にして支給額が計算される**事前予備年金みたいなものだ。

じゃあウチのお父さんなんて給料安かったから金額もあまり多くないということですか。

退職後も**在職中と遜色のない生活を維持させよう**という建前があるから、ある程度の金額はもらえるよ。

在職中は公共の福祉のために働いていたんだから退職後は少し優遇してくれてもいいと思います。

それでもこれからの年金は普通のサラリーマンより優遇されているから安心していいよ。

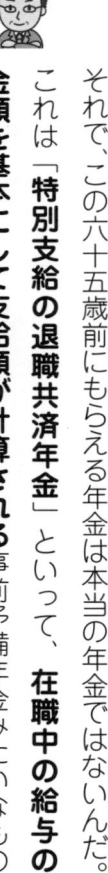

特別支給の退職共済年金額

特別支給の退職共済年金は厚生年金相当分として「定額部分」と「報酬比例部分」を合計し、さらにこの「職域年金相当分」が加算された金額が支給されます。

厚生年金相当額	定額部分	@ 1,628 円 × 0.999 × 被保険者期間（月数）
	報酬比例部分	下記 a と b の合計額 a：平成 15 年 3 月以前の平均月収額 × $\frac{7.125}{1,000}$ × 平成 15 年 3 月以前の被保険者月数 b：平成 15 年 4 月以降の平均月収額 × $\frac{5.481}{1,000}$ × 平成 15 年 4 月以降の被保険者月数
職域年金加算相当額		上記 a：平成 15 年 3 月以前の平均月収額 × $\frac{1.425}{1,000}$ × 平成 15 年 3 月以前の被保険者月数 上記 b：平成 15 年 4 月以降の平均月収額 × $\frac{1.096}{1,000}$ × 平成 15 年 4 月以降の被保険者月数

共済組合から上記の計算にしたがった金額決定通知書が送付されてきます。基本的には 65 歳までは、この金額が支給されると考えてください。

それから平成二十七年十月に共済年金制度が廃止されて公務員も厚生年金に加入することになっているよね。

ああそれ役所からの通知で知ってますけど何なんですか、それって年金が減ったりするんですか。

ただ制度を厚生年金に一本化するというだけで、年金の金額などには影響ないんだ。

公務員の年金全体の構成が変わるということなんですね。

それでこれからの説明も共済年金ということばで少し話をするけど本当は厚生年金のことだからね。

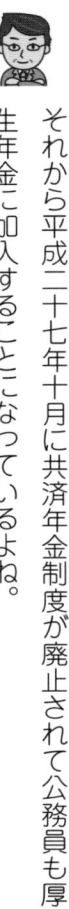

厚生年金への統一化

平成 27 年 10 月から共済年金が厚生年金に統一化されました。

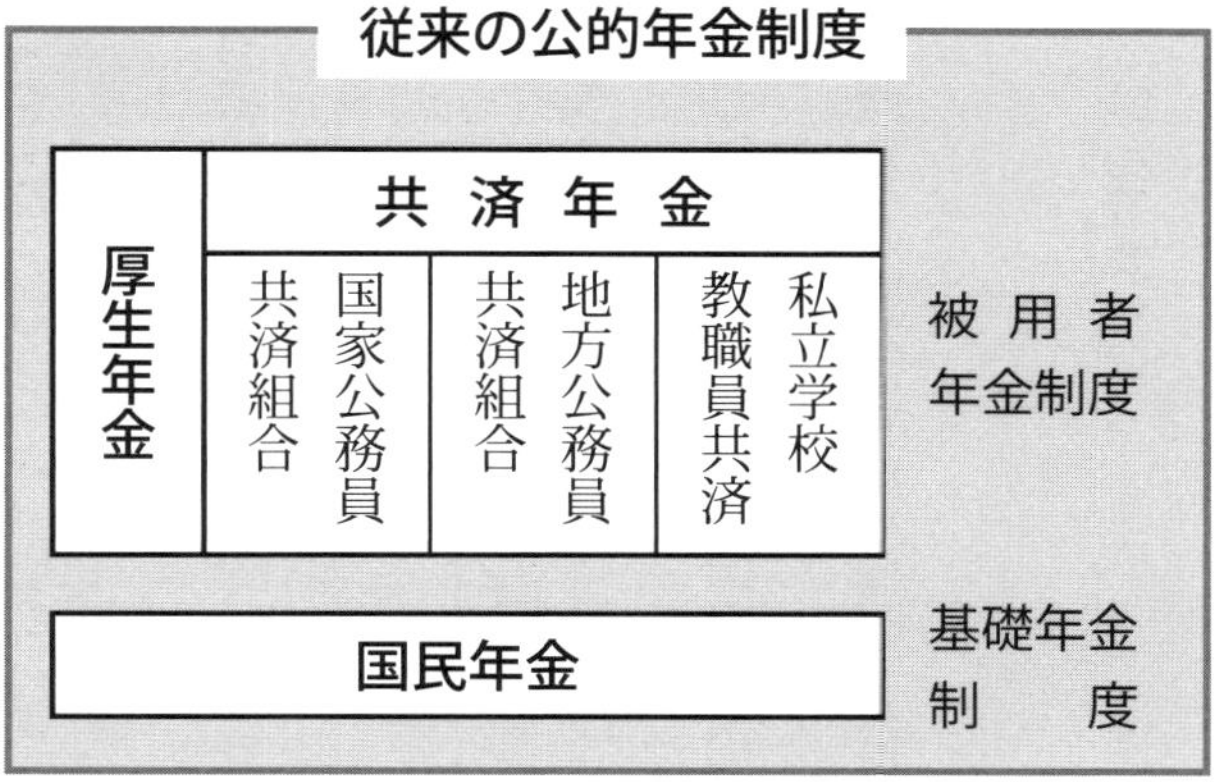

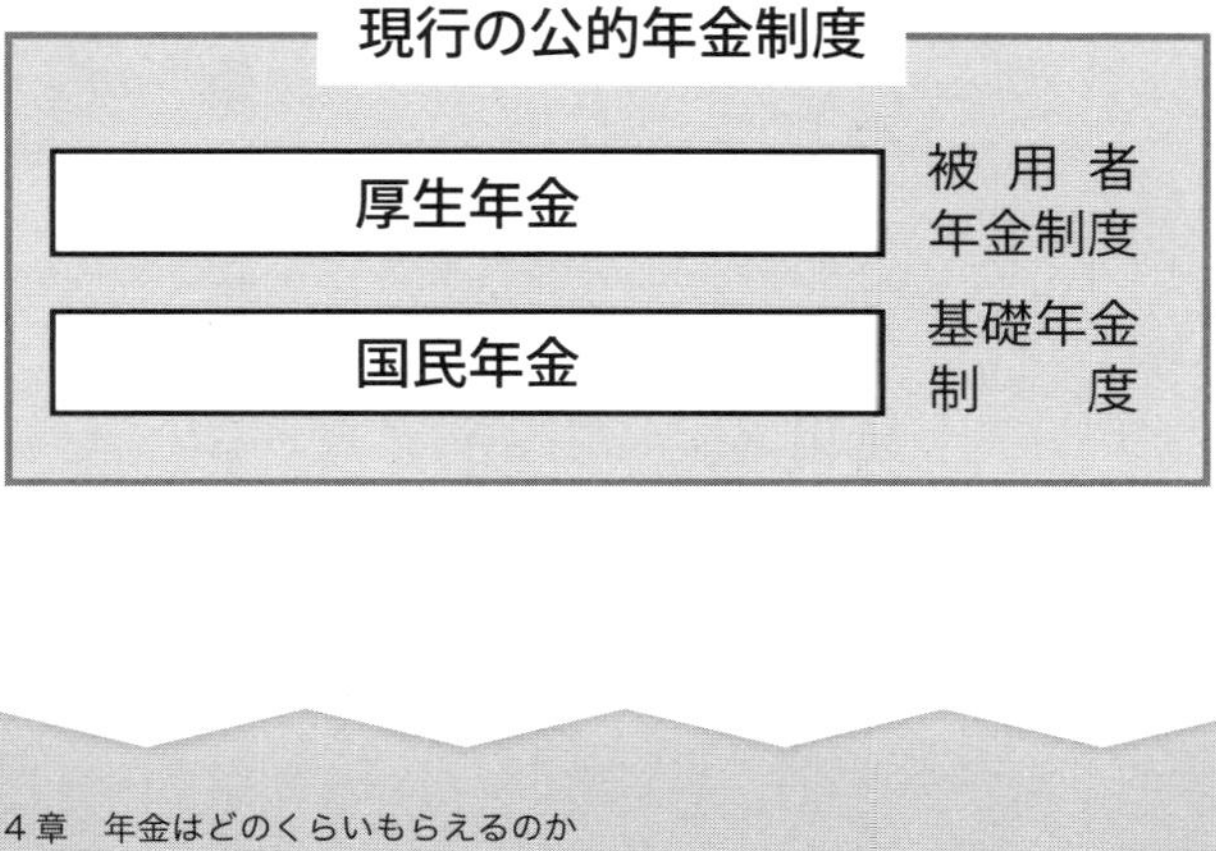

section 2

「もらえる年金ってどのくらい」

六十歳を過ぎると生年月日に応じて年金をもらえることはわかりました。

これから老後を迎える人は支給年齢がどんどん上がっているのも悲しいけれど事実なんだ。

それで支給されることになると実際にはどのくらいもらえるんですか。

まずは六十五歳までは特別支給の退職共済年金が月額十～十五万円程度だね。

ずいぶん少ないんですね。
うちなんか大丈夫かしら……

まずは 65 歳までの支給額

まずは 65 歳までもらえる年金額を考えてみます。

60 歳以上 → **64 歳まで**

特別支給退職共済年金
10〜15 万円 / 月

これに 65 歳未満の奥さんがいれば毎月 1.5 〜 2 万円程度が加給年金としてプラスされます。

10〜15 万円 ＋ **1.5〜2 万円**

つまり 11 万円〜 17 万円で毎月生活することになります。

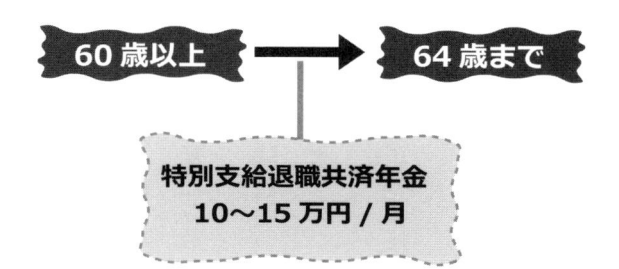

それから六十五歳になると年金の構成が少し変わってそれまでよりも少し多くもらえることになるんだ。

それじゃもらえる金額もぐんと増えるということですね。

いやいや残念ながらそんなに増えるわけじゃなくて、だいたい月六万円くらいが増額になるんだ。

それでも毎月六万円というのはありがたいですよ。それで生活に少し余裕もできますね。

年金は年齢が上がればもらえる金額も増えるようになっているんだ。

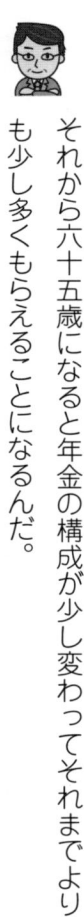

65 歳からの支給額

65 歳からは共済年金から支給される年金と国民年金からの老齢基礎年金がもらえることになります。

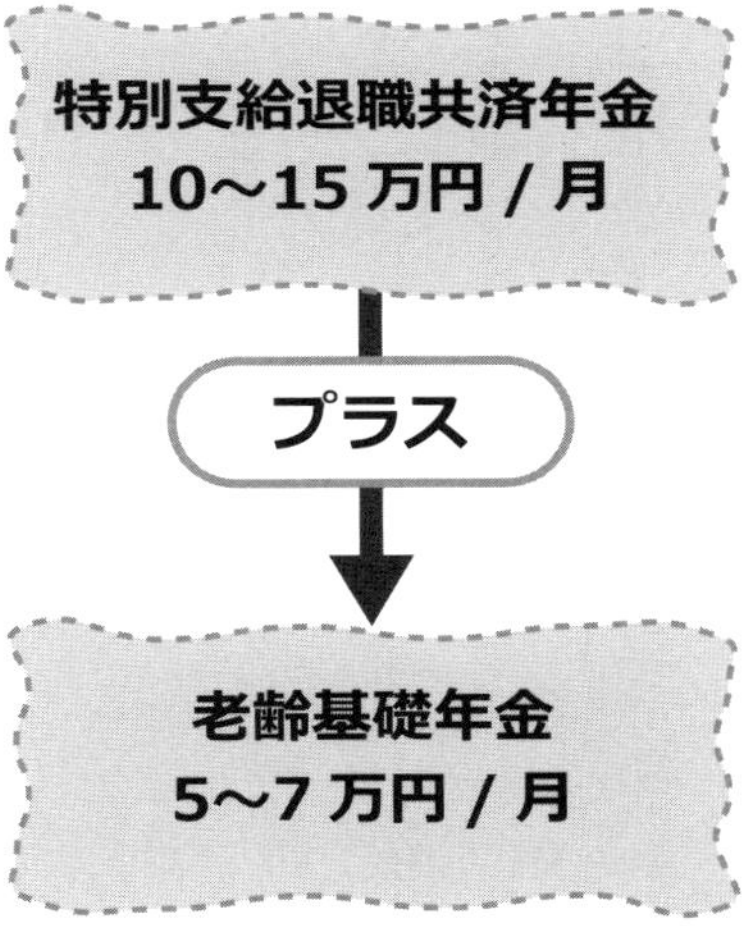

奥さんが 65 歳未満なら引続き加給年金が 1.5 ～ 2 万円支給されます。

section 3

「将来は二人分もらえる」

年金は、お父さんの分だけではなく奥さんも受け取ることができるんだ。

よく夫婦二人合わせていくらって聞きますよね。

高齢者の夫婦のことや子供がいたり配偶者と死別したときなどいろいろなことを考慮してくれているんだ。

それで二人に支給される年金っていままで聞いた年金がどんな感じになってるんですか。

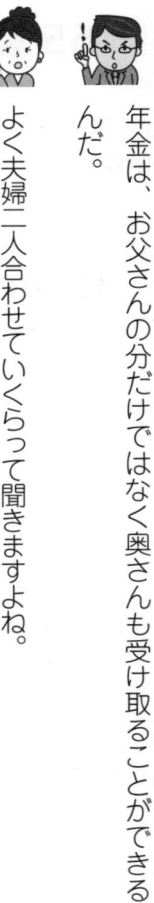

年齢別年金支給額の構成

退職する公務員の生年月日により特別支給共済年金の支給時期がことなりますが 65 歳を境にしてお父さんと奥さんの年金が下記のように支給されます。

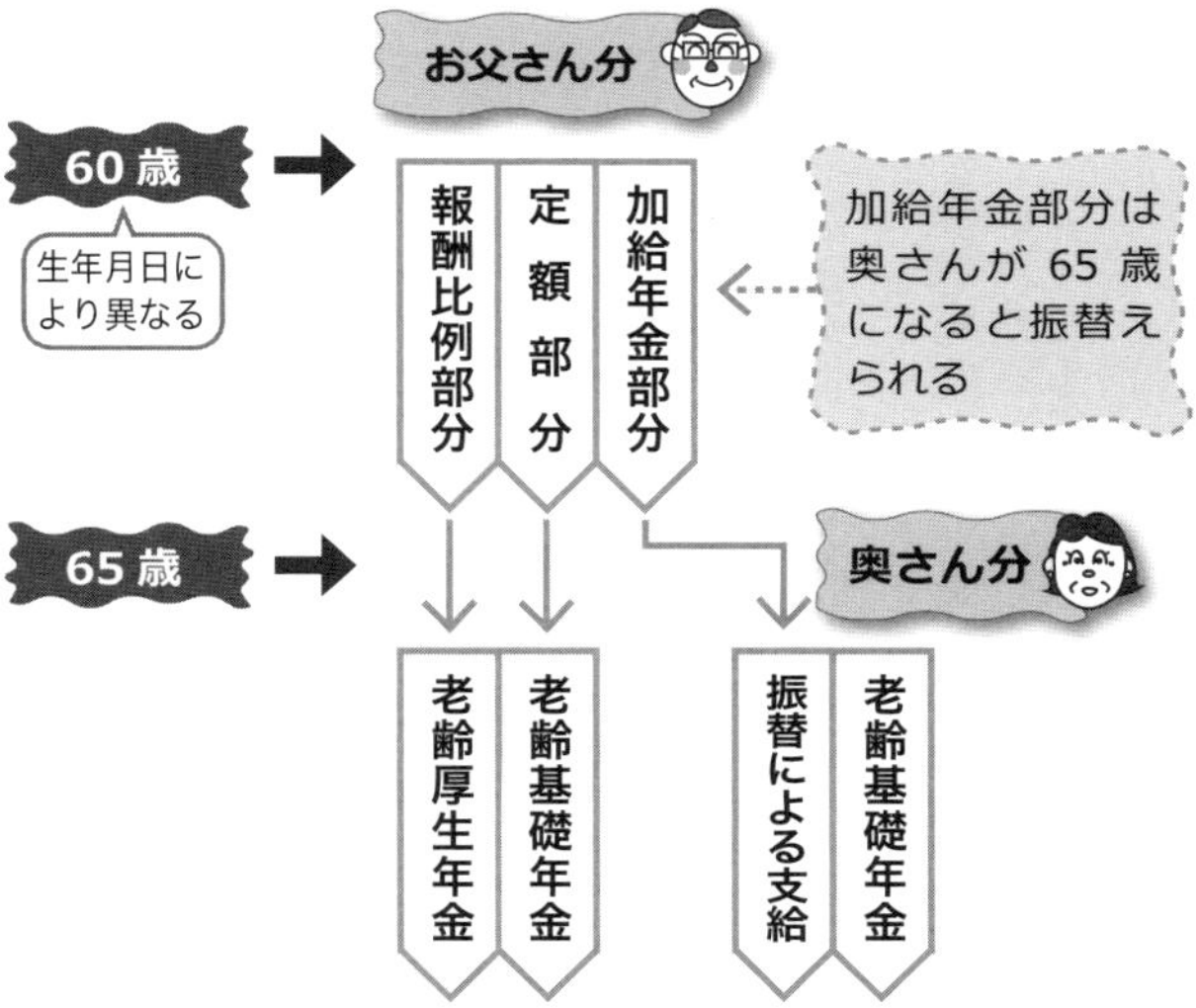

（注）65 歳未満の奥さんがいる場合は約 22 万円（年間）がプラスされます。ただし奥さんが 65 歳になると奥さんの老齢基礎年金にこの金額が振り替えられて加算されることになります。

section 4

「奥さんが六十五歳になったときは」

私も国民年金をずっと支払ってたんですけど、いつから年金をもらえるんですか。

奥さんも六十五歳になると、お父さんの分とは別に自分の分として老齢基礎年金がもらえるよ。

それってどのくらいなんですか。自分一人で暮らせるくらいの金額なのかしら。

いやいや残念ながら配偶者だから、そんなに金額は多くなくて月々五～七万円程度ということになっている。

やっぱり配偶者という立場上しょうがないですよね。でももらえるだけうれしいわー

奥さんが 65 歳になったら

奥さんが 65 歳になれば、お父さんの分とは別に老齢基礎年金が支給されます。

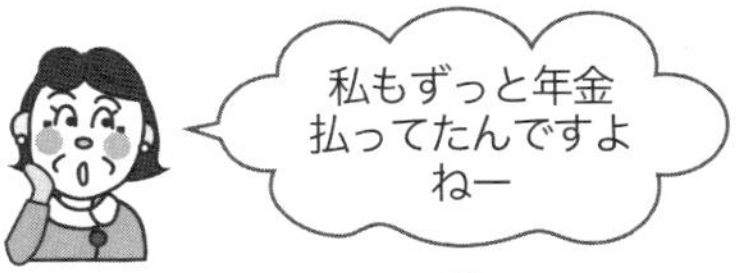

また、それまでお父さんの支給分に加算されていた加給年金部分がなくなります。その金額は残念ながら同額ではなく、減額されて奥さん分として振替加算があります。

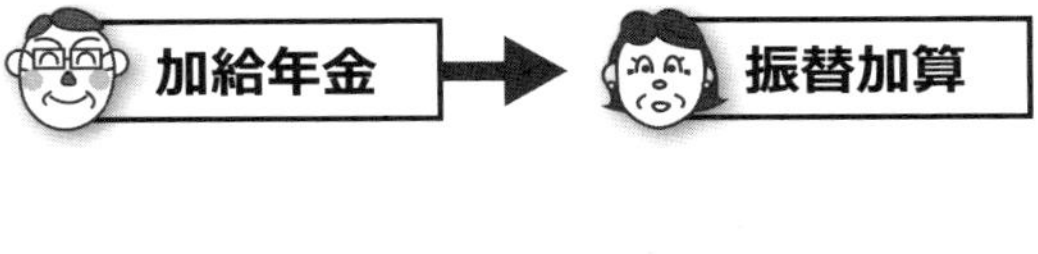

section 5

「二人が六十五歳以上になったときは」

それじゃ二人が六十五歳以上になったらけっこうな金額の年金がもらえることになるんですね。

お父さんの分の共済からの年金と奥さんの分の国民年金の金額を合計すれば二人での生活に困ることはないね。

なんかビンボーな老後みたいなものをイメージしてたけど、ぜんぜんこれまでと同じくらいの生活ができそうですね。

あとは、これから説明するけど変な投資やリフォームそれから贈与をして退職金そのものを減らされないことが肝心だからね。

2人でもらえる年金額

2人とも65歳を超える年金額は次のようになります。

共済年金	お父さん	退職共済年金	10 ～ 16 万円
国民年金	お父さん	老齢基礎年金	5 ～ 7 万円
	奥さん	老齢基礎年金	5 ～ 7 万円

section 6

「再就職と年金の減額」

役所を辞めて再就職っていうこともあると思うんですけど、そんなとき年金はどうなるんですか。

いま六十歳定年っていうけどみんな再雇用だとか再就職して働き続けるのが普通だよね。

年金をマル取りして給料もたっぷりもらうっていうのはちょっと虫がよすぎですよね。

再就職すると七十歳までは厚生年金の被保険者になるので保険料を支払わなきゃならないんだ。

なんか年金をもらったり払ったりっていうんで複雑な気持ちですね。

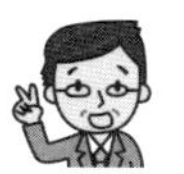

それで毎月の給料に過去一年間に受け取ったボーナスの十二分の一を加えた金額が二十八万円を超えると年金の額が一部減額されることになっているんだ。

それじゃあんまりフルタイムで頑張って働いたりしちゃいけないということですね。

さらに月額報酬が四十七万円を超えるとその減額される金額がもっと大きくなるんだ。

そうすると再就職したときは欲ばらずにほどほどの給料で満足するということですね。

ただねいくつかメリットもあるんだ。たとえば働いているときは年金が減額されるけど、再就職時に支払った厚生年金分が退職後の年金に加算されるんだ。

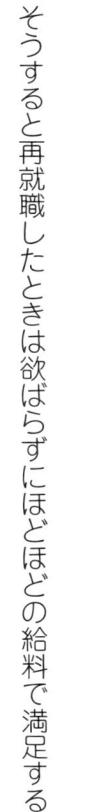

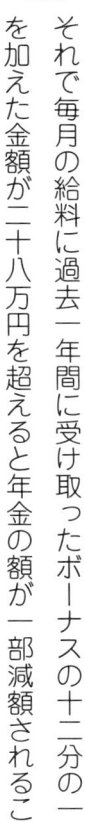

それは何か、損して得取れみたいですよね。

生涯の収入で考えれば、年金は多少減額されても六十歳の定年後の再就職の収入額の方がはるかに多いからね。

月額二十八万円にならないようなパートなんかだったら厚生年金の支払もないし年金の減額もないということですね。

減額される金額はどのくらい

毎月の給料の金額を目安にして下記の金額か年金支給額から減額されます。

給料と年金が 28 万円超

$$\text{年金月額} - \left(\text{年金月額} + \text{報酬月額} - 28\text{万円}\right) \times \frac{1}{2}$$

給料と年金が 47 万円超

$$\text{年金月額} - \left(47\text{万円} + \text{年金月額} - 28\text{万円}\right) \times \frac{1}{2} - \left(\text{報酬月額} - 47\text{万円}\right)$$

（注）報酬月額は前年のボーナス合計の 1/12 を加算した額です。

section 7

「もしものときの遺族共済年金」

お父さんが在職中で子供がいても、それから退職した後で亡くなっても遺族共済年金が支給されることは話したよね。

なんか報酬の四分の三とか聞いた記憶があるんですけど、もう少し具体的な金額とか教えてください。

子供がすでに独立しているということを前提にすると遺族共済年金に一定の加算金、さらに奥さんの分の老齢基礎年金が支給されることになっているんだ。

このときにも奥さんの六十五歳というのが金額のひとつの区切りになっているんですね。

遺族共済年金の支給について

遺族共済年金はずっと支給されますが、一定の加算額や奥さんの老齢基礎年金が下記のように変化します。

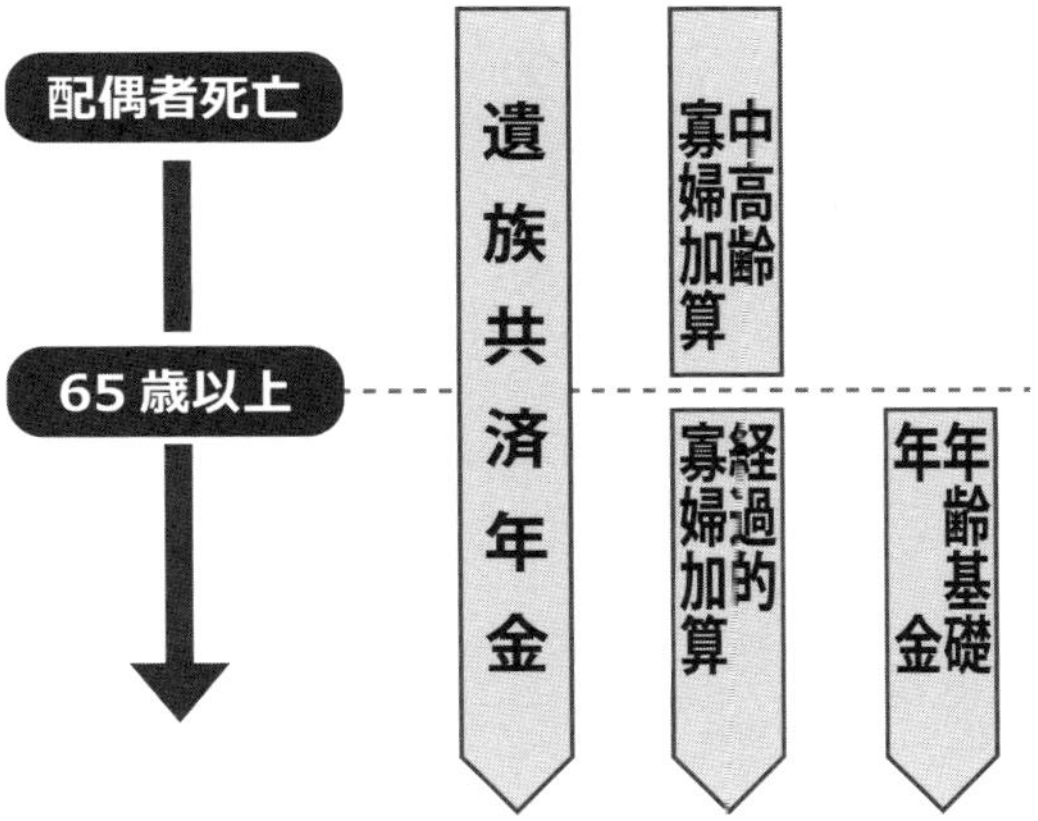

（注）遺族共済年金は、お父さんが生きていたときの年金支給額の$\frac{3}{4}$になります。

システムは何となくわかりましたけれど具体的な金額を教えてください。

在職中にもらっていた給料だとか奥さんが国民年金に加入していた年限などでそれぞれ異なるんだけど、だいたい標準的なケースとして聞いてほしい。

うちなんかは、ほんとうに標準中の標準だと思います。

お父さんの生存中の厚生年金が百二十万円で奥さんの国民年金加入が約三十年と考えると次のようになる。

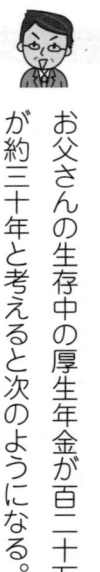

遺族共済年金の金額

遺族共済年金は 120 万円の $\frac{3}{4}$ で 90 万円と一定で加算額等が変わることになります。

65 歳まで

遺族共済年金	90 万円 / 年
中高齢寡婦加算	約 60 万円 / 年
計	150 万円 / 年

65 歳以降

遺族共済年金	90 万円 / 年
経過的寡婦加算	約 10 万円 / 年
奥さんの老齢年金	約 60 万円 / 年
計	160 万円 / 年

やっぱりお父さんが死んでしまうと年金の額はけっこう減ってしまうんですね。

まあお父さんがいるときには二人分の年金をもらっていたわけだから、それが一人になれば減ってしまうのはしょうがないね。

月に十万～十三万円ぐらいじゃ正直なところ一人でも生活はきびしいですよ。

まあその時のためにも無駄に退職金を使わずに、できるだけ現金預金等として残しておくことが大事だね。

値上がりするなんて理由で変に、不動産投資なんかをしたりすると、換金とか面倒ですからやっぱりキャッシュが一番ということですね。

そう考えると子供達への行き過ぎた生前の財産分与なんていうのも真剣に考えなきゃだめだね。

退職金が大事な元手で年金は生活資金と考えて、これからも毎月のやり繰りを考えなきゃだめですね。

心得 その4

●もらえる年金の金額を知っておき将来の生活設計をイメージする。

●金額が少ないと嘆くのではなく、その金額で生活する設計を考える。

●年金だけの生活でも決してみじめな生活ではないので心配しない。

●奥さん一人だけになっても十分に年金はもらえるので不要に蓄えないこと。

第五章
PART 5

老後の生活収支を試算する

section 1 「これからの収入額は毎月定額」

退職後にも引き続き仕事があれば別だけど、そうでなければ**年金の収入額は毎月一定**ということになる。

これまでは年二回のボーナスがあったけど、これからは臨時収入はないんですね。あのボーナスで毎月の不足分のやりくりだとか、大きな買い物とかしてたんですよ。

これからもらえる年金は、共済組合から定額が支給されるから。

役所の厚生課からもらう年金のパンフレットって見ても何が何だかよくわからないんですよ。何か複雑にして受け取る側を煙に巻いているような気がします。

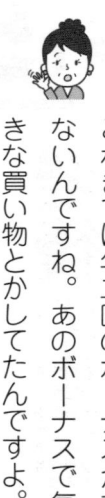

年金の構成はこうなっている

60 歳以降に支給される「特別支給の退職共済年金」は 65 歳からは老齢厚生年金になります。またこの老齢厚生基礎年金とは別に老齢基礎年金も支給されることになります。

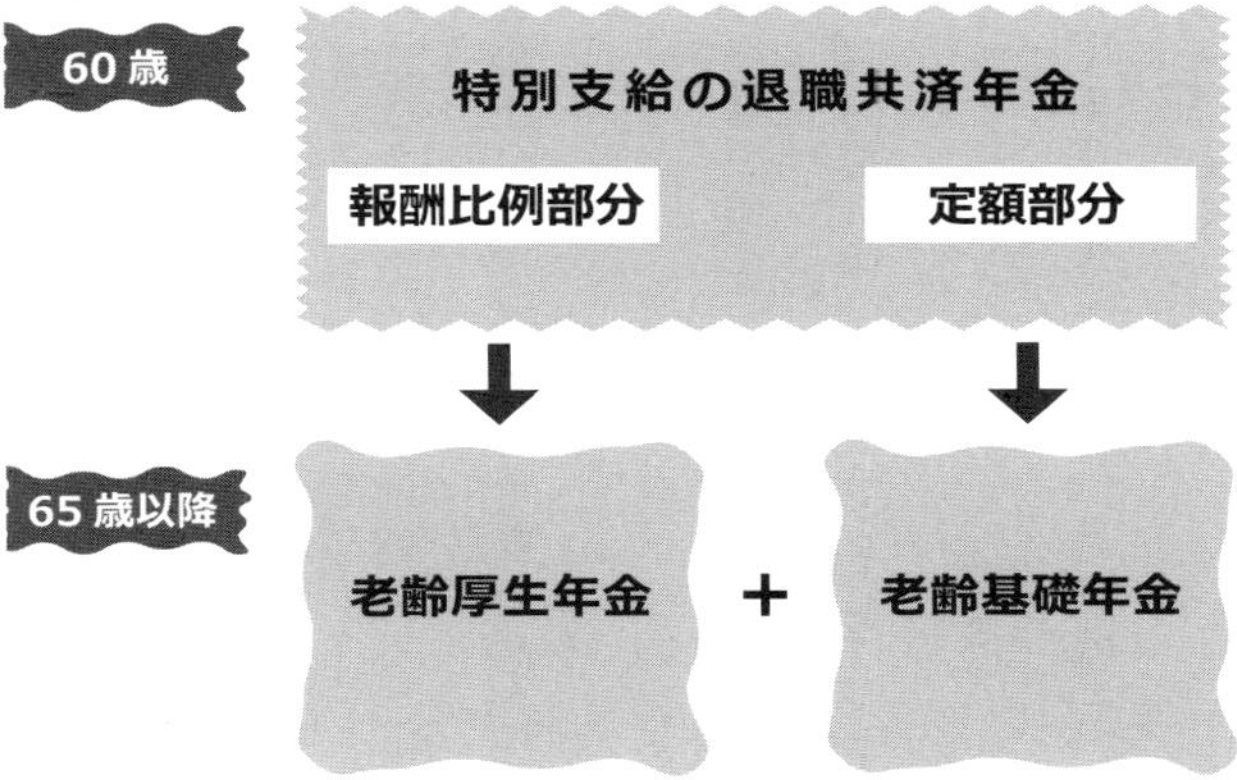

六十五歳までは、**共済年金として毎月少ない人で十二万円、多い人で十七万円位**だね。これは勤務していた役所や勤続年数、さらに役職などで少々差がある。

毎月十二万円で生活するというのは絶対に無理ですよ〜

月額十二万円というのはかなり少ないケースだけど、やっぱりお父さんには、あと最低五年、できれば元気なうちは仕事を続けてもらうのが理想だ。

もし仕事をしなければ退職金を毎月少しずつ取り崩して、生活費に回すということですよね。そうするといつか退職金は無くなってしまいますね。

ただね、年金だけで普通に暮らしている夫婦もたくさんいるのは事実だから、余計な心配はいらないよ。

それで**六十五歳からは、年金の額も少しは増える**んですか。

こんどは奥さんが六十五歳になれば、**奥さんのための年金**も支給されるから。

すると大分金額アップということですね。

いやいや残念ながらそんなに金額が増えるわけではないんだ。これまでの毎月十～十五万円に、奥さんの分もプラスされて**毎月二十～三十万円位**になるよ。

少し増えただけで、そんなに金額が上がるという訳ではないんですね。

基本的にはこの金額が基礎になり、事情があれば若干増減することもある。

年金のことは少子高齢化、財政赤字でしょうがないことなんですよね。

section 2

「支出額はどこまで節約できるか」

年金の収入額が少なくなるなら当然**これまでの生活費も見直しをして、節約をする必要がありますね。**

きみのところはまだお嬢さんが同居しているけど、もうすぐ結婚して家を出ていくんだよね。

給料を少し家に入れてくれる約束だったのに、結婚が決まった途端に結婚資金の積立だって言ってそれっきりですよ。

でもこれまでも家計費の切盛りをしてきて、感じるだろうけど子供が大きくなって家からいなくなると出ていくお金もだいぶ減るだろう。

そうですよね。**やっぱり子供に掛かるお金は大変でした。**ほんと・・・

我が家のこれまでの生活費の内訳

まだ住宅ローンの支払が残っています。その分だけ家計費を圧迫していたのではないでしょうか。

食費（自宅・外食）	70,000円
住宅ローン	60,000円
水道光熱費	15,000円
通信交通費	15,000円
税金・社会保険料	40,000円
医療関係費	20,000円
被服費	15,000円
お父さん小遣い	30,000円
交際費	10,000円
その他支出	25,000円
合計	300,000円

これからは老人二人だから支出額もこれまでと比べるとかなり減らせるんじゃないかい。

確かに住宅ローンも無くなれば、食費が中心であとは水道光熱費とか諸経費ということになりますね。でもね、二人で旅行とかも楽しみたいんですよ。

これまで派手な生活をしてきたという夫婦は厳しいけれど、こう言っちゃなんだけど**普通の公務員の家なら生活のレベルはたかだか知れている。**

なんかそう考えると年金額はそれほど多くないけど、**支給額に少しだけ蓄えをプラスすれば**生活は十分できますね。もしかしたら蓄えを使うのではなく年金が余るかもしれません。

そういう余裕が出てきた分を少しずつヘソクリにしておいて、二人で海外旅行とかに出かけると考えれば、節約もまたやりがいがあるだろ。

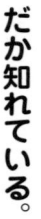

老人二人の生活関連支出額

現役時代の生活費や収入にもよりますが、だいたい1ヵ月の生活関連支出は20万円程度ではないでしょうか。

食費（自宅・外食）	70,000円
水道光熱費	15,000円
通信交通費	10,000円
税金・社会保険料	30,000円
医療関係費	20,000円
被服費	10,000円
娯楽費	30,000円
その他支出	15,000円
合計	200,000円

上記の金額はその総額や内訳について主婦としていろいろご意見もあると思いますが、あくまでも参考の金額とさせてください。

section 3

「不足時だけ蓄えを取り崩す」

でもどうしても仕方ない支出もありますよね。急な入院とか災害で家を修理しなきゃならないとか、いつ何があるかわかりませんよね。

もちろんそういう時のための蓄えだから急な支出は取り崩せばいいよ。ただ注意してほしいのは**毎月いくらと決めて蓄えを定額で取り崩す資金繰りは危険**だね。

そうですよね。そういうお金の使い方をしていると必ず無駄遣いをしてしまいますよ。私それで、本当に一時期だけど苦労したんですよ。ここだけの話。

あんまりお金にくよくよしないで、老後の生活をしたいという本音もあるけど、何より**蓄えが少ないというのは不安**だよ。

定額取崩しは無駄遣いの原因

毎月の生活関連支出額を多めに設定すれば当然ですが生活にゆとりが出ます。しかしこれも冷静に考えれば無駄遣いをしているのかもしれません。

毎月の支出予定額　25万円

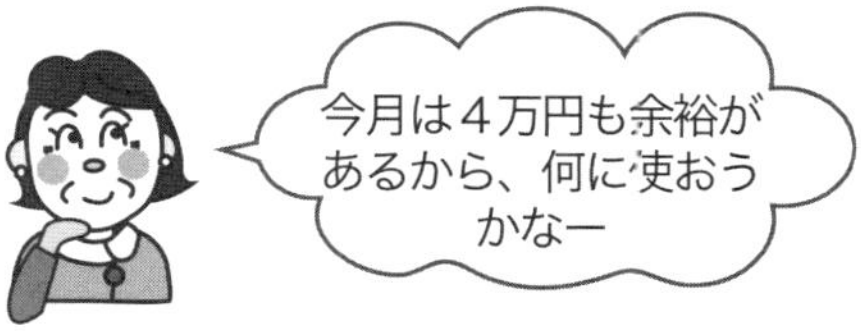
今月は４万円も余裕があるから、何に使おうかなー

できるだけ節約して、どうしてもという支出があればその時は通常の支出額をオーバーしてもやむを得ないと考えてお金を使いましょう。

祝　70歳!!

Hawaii
元気なうちに海外旅行に行こう

支出額　50万円

section 4

「退職後の健康保険はどうなる」

年金をもらうことばかり気にしていたけど、退職したら健康保険ってどうなるんですか。

これからは高齢になるから、もらう年金も大事だけど、支払う医療費のこともちゃんと考えておかなきゃならないよね。

やっぱり退職したらすぐに国民健康保険に入ることになるんですか。

いくつか選択肢があって、すぐに国民健康保険に加入しなければならないというわけではないんだ。

あっそうですよね。再就職すればそこで健康保険に加入することができますよね。

あとは共済組合に任意継続っていって引き続き加入することもできるんだ。

なら定年後すぐに国民健康保険に加入しないで任意継続組合員でいればいいんですね。

ただ残念ながらこの任意継続は退職した後二年間だけなんだ。

なんだー。ずっと組合員でいるというわけにはいかないんですね。残念だわ。

あと再就職しないようなときには、奥さんなどの家族の被扶養者になってしまうなんていう方法もあるんだ。

なんかそれって働いていたときの逆の立場になるっていうことですよね。でもそういう方法もありということなんですね。

これもけっして裏技というわけではなくて退職後に普通に行われている方法だからね。

いずれの方法もやっぱりいろいろ条件なんかがあるんですよね。

それも事前にきちんと検討しておく必要があるよね。

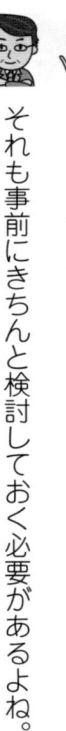

退職後の健康保険

退職後の健康保険には次のような選択肢があります。

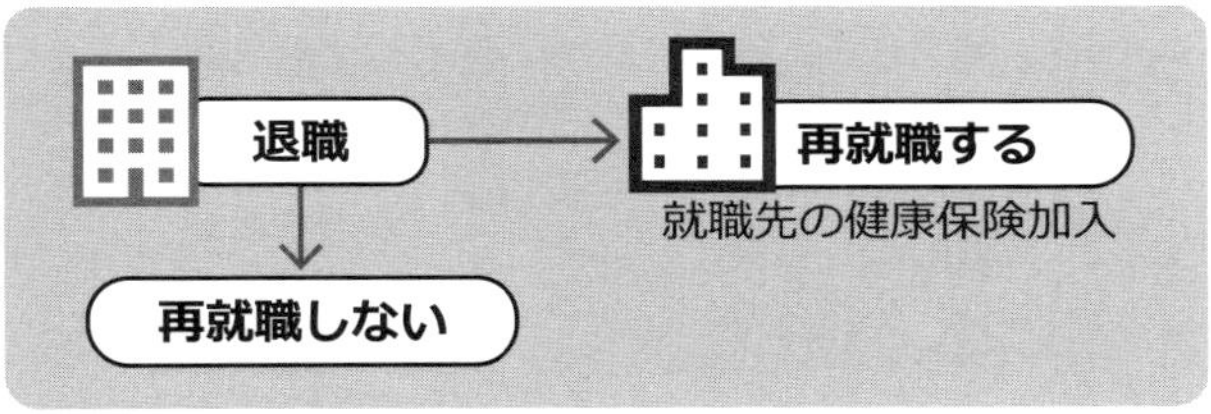

選択肢 1 ‥‥‥ **国民健康保険に加入する**

選択肢 2 ‥‥‥ **共済組合への継続加入**

選択肢 3 ‥‥‥ **家族の被扶養者になる**

いずれの方法も手続きや条件等が細かく定められているので事前にその内容を調べておきましょう。

section 5

「一人取り残されたとき」

それで、もしもの時ですけど、お父さんが先に亡くなって**私一人になったら年金**はどうなるんですか。

そのときは、それまでの**共済年金**の代わりに**遺族共済年金**というのをもらうことができるよ。

それなら安心ですよね。それで金額はだいたいどれくらいなんですか。

共済年金が現役勤務時代の給与を基礎にしていたから遺族共済年金もそれに準ずることになるから。**金額は共済年金のだいたい四分の三くらい**だと考えておくといいね。

遺族共済年金額はどのくらい

お父さんが亡くなった後は、奥さんに遺族共済年金が支給されることになります。ただし年金を受け取ることができるのは奥さんが 60 歳になってからです。

厚生年金相当額中報酬比例部分 × $\frac{3}{4}$ ＝ 受給額

もちろん奥さんが 65 歳から受け取っている自分自身の老齢基礎年金（年間約 78 万円）も受給を受けることができますから一人での生活に困る心配はまずありません。

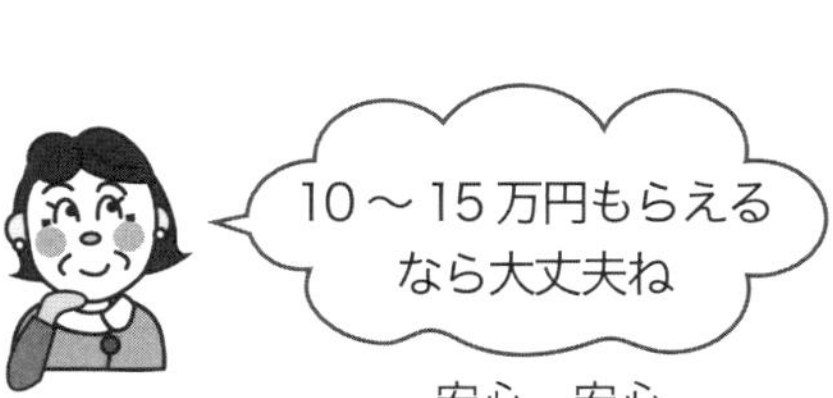

安心、安心

でも私一人とはいえ遺族共済年金だけで生活できるのか不安だわ。

ただ本当に**一人になるから、そうなると生活関連の支出額はもっと減る**ことになるはずだろ。

ただ～もしもの時ということを考えるとお金のことだけにますます不安です。

お父さんの残してくれた**退職金の残り**や、いざとなれば**不動産の処分**も考えればいいからあまり不安に考えることもないよ。

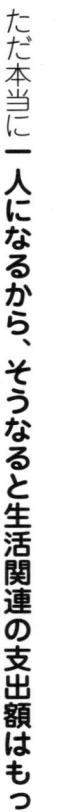

そうなったら、私一人でケアホームのお世話になってもいいんですよね。

いまは年金額程度で入居できるケアホームもあるから、あまり高齢になる前にそういう所に移住して、世話になるのも幸せだね。

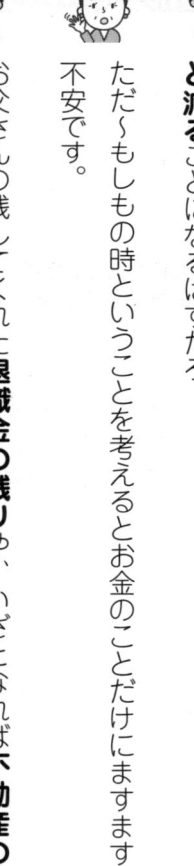

同じ世代の人たちと生活して、衣食住の面倒を見てもらいながらの老後っていうのも何か楽しそうかも。だから退職金も少し残しておかなきゃダメですね。

でもそうやって、もしもの時のためにとお金を蓄えておいて、**使い切らずに亡くなってしまう人**も多いんだ。

そのお金を子供達に残してやれれば、それはそれでいいんじゃないですか。

でもそのお金を相続する頃は子供達も大きくなって世帯を構えているはずだよね。

そうすると兄弟間で醜い相続争いも起こるかもしれませんね。

そんなことになるくらいなら、**二人が元気なうちに旅行に行ったりした方がいいね。**

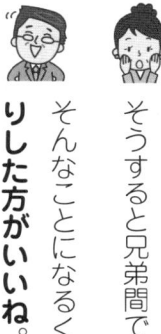

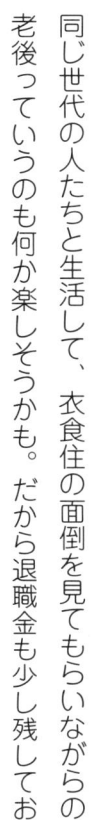

心得 その5

●年金は二人に最後までしっかりと支給され、老後の生活には不安はありません。

●退職金は、もしもの時のお守りの蓄えと考える。

●ボーナスがなくなるので毎月の定額収入に家計を調整する。

●ダンナさんの年金額は、六十五歳まで毎月十〜十五万円。奥さんが六十五歳以降は、毎月二十〜三十万円程度も支給される。

●ダンナさんが亡くなった場合、遺族共済年金として、これまでの年金額の四分の三程度の額が一生支給されるので安心。

第六章
PART 6

退職金を守るためには

section 1

「いまの日本じゃお金は増えない」

私たちが大学生の頃は、**ドルショック**や**オイルショック**で不景気の時代だったよね。

就職難でウチのお父さんなんか、公務員になれて本当によかったっていまでも言っています。

あの後、景気も回復して**バブル**なんていうのも経験したよねー。よかったよ、あの頃は…

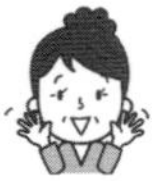

先生なんか税理士で、土地譲渡の申告業務でガッポリ儲かったんじゃないですか。

私達はいろいろ経験しました!!

これまで六十数年間、私達の身の周りではいろいろなことが起こりました。

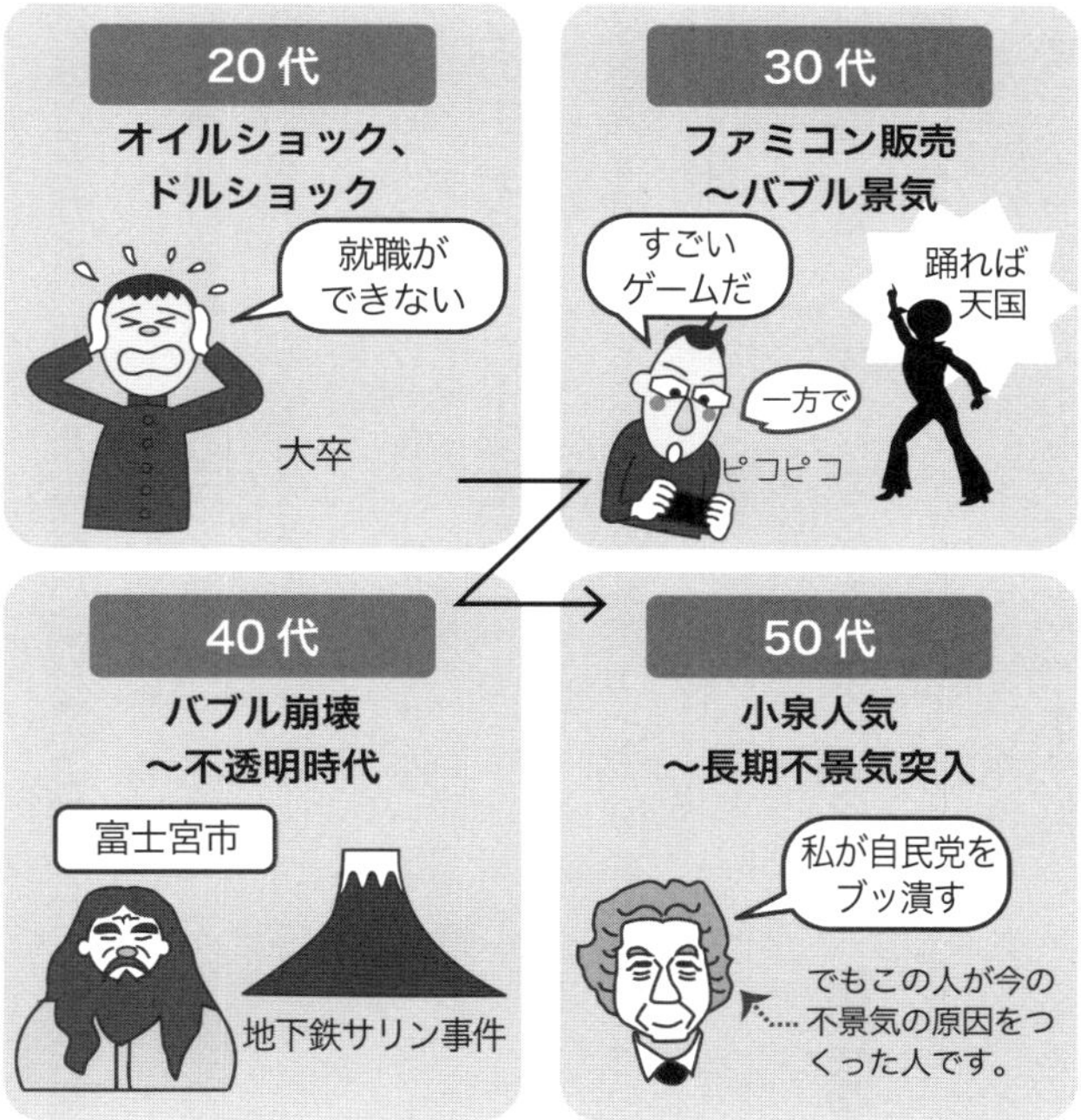

そして私達は、不況の中で定年を迎えることになったわけです。

そんな昔話はともかく、バブル以降日本経済は燻《くすぶ》ったままだね。

いまの総理も景気回復なんて調子の良いことを言っていますけど、ぜんぜん世の中良くならないですよね。

年金支給の年齢が今後は七十歳になるなんて噂を聞くと、ほんとうにどんな世の中になるのか不安だね。

いろいろな経済政策に手をつけていますけど、根本的に賃金も上がらないらしいですね。

雇用だけは回復したってマスコミで言っているけど、**私達団塊の世代が大量にリタイア**したから、入替えで当たり前だしね。

でもほんとうに、いつまで不況が続くんですかね。

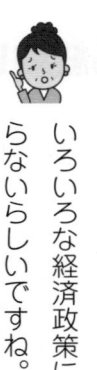

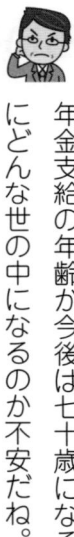

不況の原因は経済構造の変化

資本主義は、物を生産することが基本で、そこで働く人がもらう給料でその生産物を購入するというサイクルの中で成り立つものです。

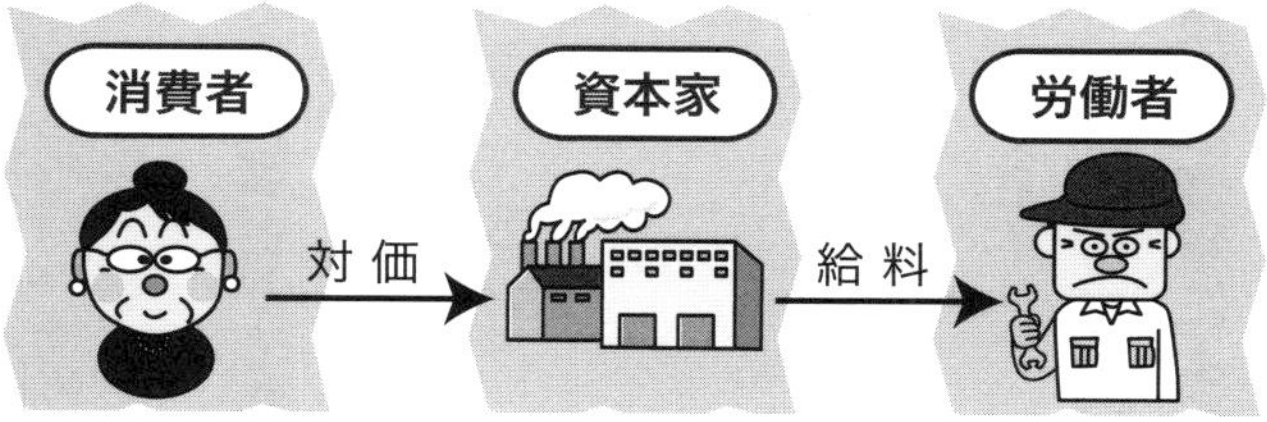

ところが現在の資本主義は、この物を作って売るというサイクルが、株や為替のような実体がないものの売買によって成り立っています。これによりお金がある者だけがこの儲けを享受しています。普通の人は物を以前ほど買わないので、物を作らないし、働く所も少なく、給料も多くありません。

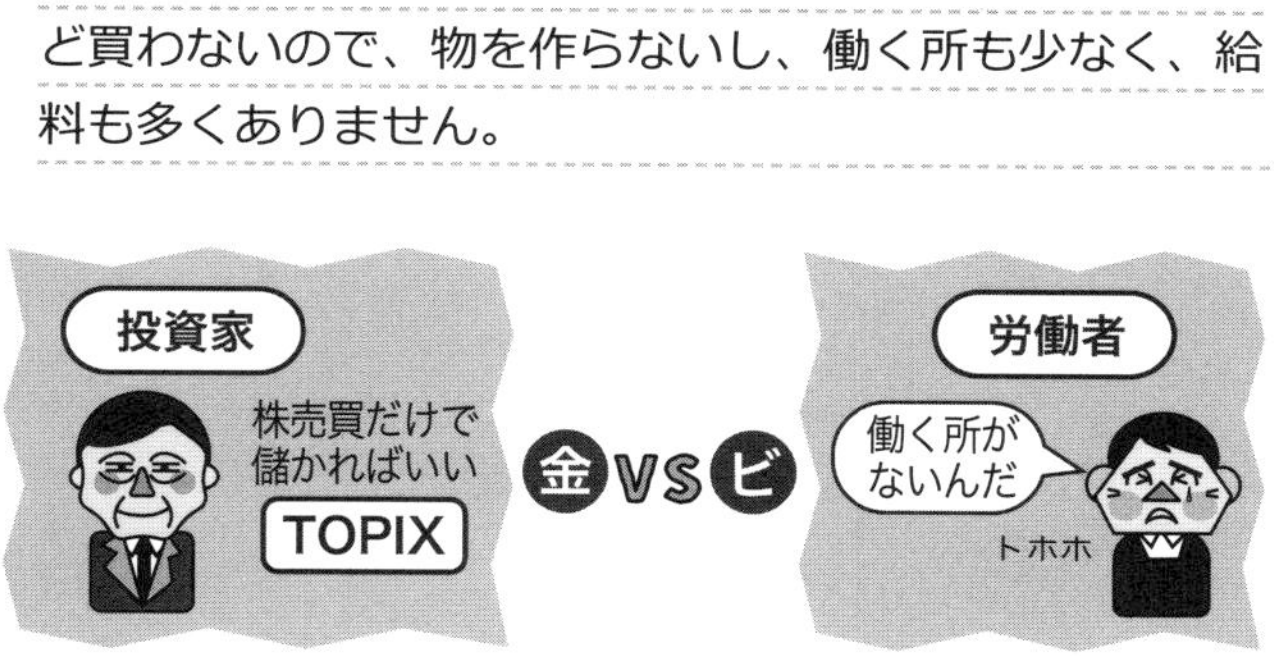

section 2

「投資で簡単にお金は増えない」

TVや広告で、**投資とかで簡単にお金が増やせる**って言ってるんで、やってみようかなって考えてるんですよ。

こんな景気の悪いときに投資なんかでお金が簡単に増えるわけはないよ。

でもインターネットで、「私は一年にこんなに儲けました」みたいな話をよく目にするんですけど。

あれは必ず証券会社のようなところの、**紐付《ひもつき》の広告**だからそのまま信用しちゃダメだ。**いまの景気ではお金は投資で簡単には増えない**から、**投資は慎重によく考えてすべきだから。**

景気と投資価値の関係

投資というのは、ある物、例えば株、外貨、不動産を売買して儲けを出すことです。景気が良ければ、これらの物の売買は大量に行われ、値段も上下しますから儲かることもあります。

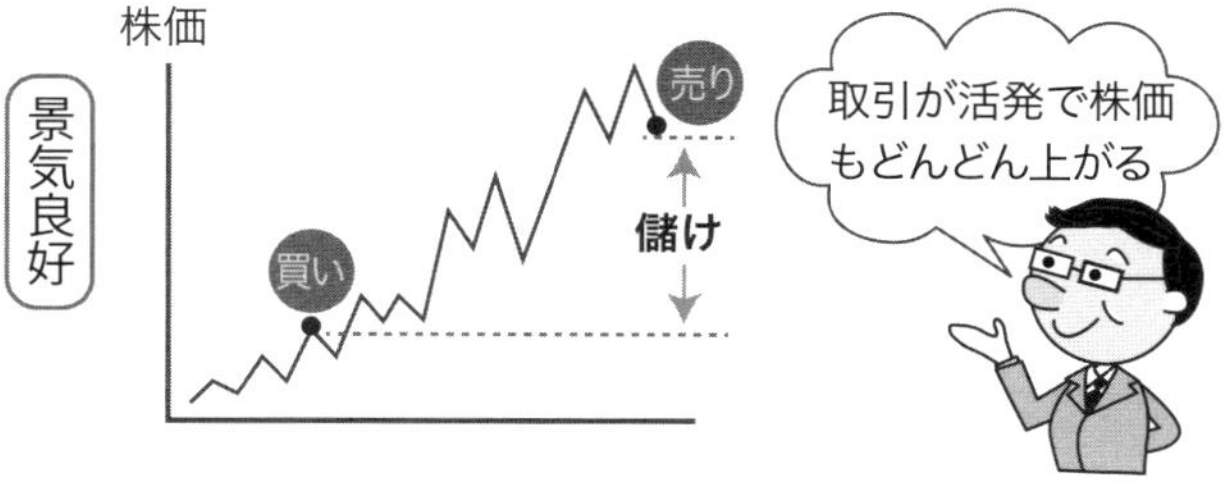

でも景気が悪ければ、根本的に世の中にお金がありませんから、株や外貨、不動産の売買はあまり行われないので、価格の変動もなく売買しても利益はほとんど出ません。

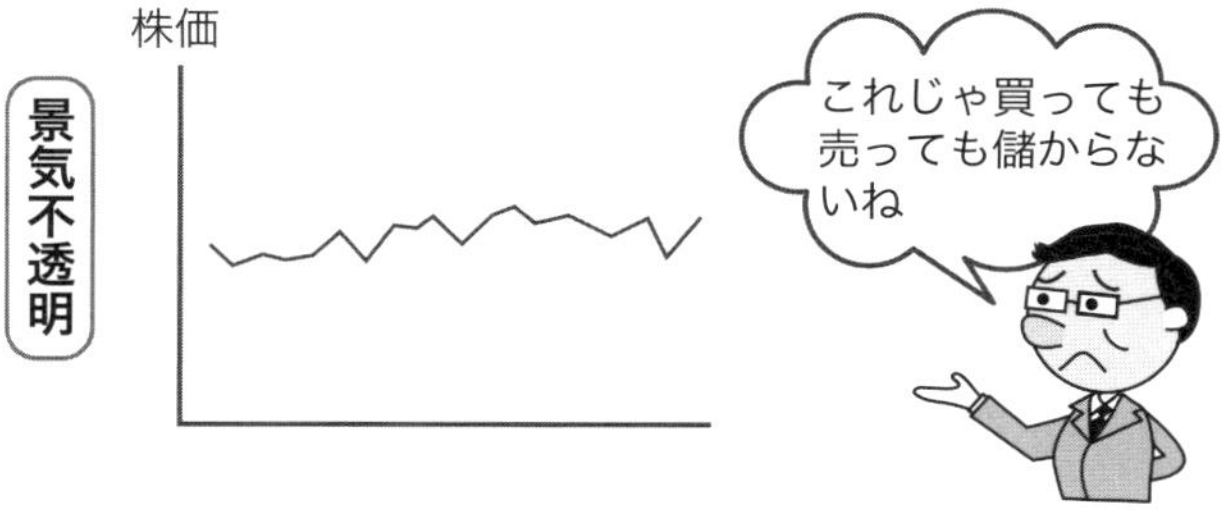

退職したばかりだけど、もしお金を本当に増やしたいなら、**再就職やパート**をするのがいちばんだ。

ウチのお父さんも退職した後で、天下りじゃないんですけど、関連団体で少し仕事があるので安心しています。

とにかく資本主義の世の中では、お金をもっている資本家以外は、働くことがお金を生み出す基本だからね。

そうすると**退職金を増やそう**なんて考えないで、とにかく**減らない**ようにすることが大事なんですね。

そうだね、**簡単に楽してお金を増やそうなんてことは絶対に考えちゃダメ。**

投資は資金力がある者がするもの

資本主義の下では、わずかばかりのお金しかない人間が、投資で儲けることはできません。投資で儲けることができるのは巨額の資金を持っている資本家だけです。

投資会社等では一般小口投資家のことを、裏では「ゴミ」とか「ドブ」と呼んでいます。

section 3

「銀行預金も慎重に考える」

なんか退職する直前からなんですけど、**銀行や証券会社からダイレクトメール**とかすごく多いんですよ。

ほんとうに不思議だけど、そういう情報はどこから銀行のようなところに漏れるんだろう。

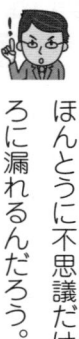

ちょっと前に聞いたんですけど、名簿業者っていうのがあって、必要な情報が1件いくらで手に入るんですって。

個人情報なんて神経質になってるけど、やっぱりいまの世の中どこかがおかしいね。

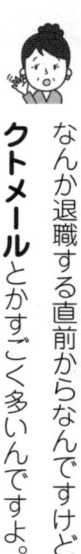

それでこの前、銀行から電話があって、一度ご夫婦で相談に来てくださいって言われたんです。

まさか、もう銀行に行ったなんてことはないよね。

それが、近所の銀行だったんで、買い物ついでにちょっと寄ったんです。

とても**親切にニコニコした担当者**が、**いろいろ説明**してくれたでしょう。

なんで先生そんないっしょに行ったみたいにわかるんですか。

それはまさしく**営業の罠**なんだ。向こうは君のことを、相手は**公務員の奥さんでチョロイ**と思っているよ。

パンフレットとタオルとか粗品をもらって、すっかりその気になっていました。

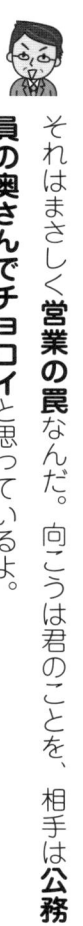

これからもいろいろな勧誘があるけど相手は全部**退職金を狙っているハイエナ**だと思わなきゃダメだ。

狙うといったって取られちゃうわけじゃないですよね。なら少しは信用してもいいんじゃないですか。

いやいや投資の中には**元本割れ**といって、**最初の投資金額すら戻らない**怖いものもたくさんあるんだ。

それって怖いですね。そんなものに投資したら退職金も消えちゃいますね。

銀行の定期預金だって**僅かな利子を預金者に支払**って、そのお金を**他へ貸して利息で儲けている**からね。やっぱりこれも資本主義の基本だから。

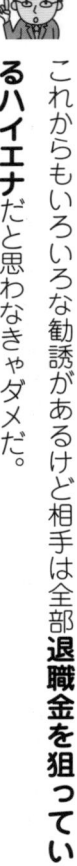

公務員の退職金は狙われている

同じ退職金でも一般サラリーマンや、金融関係者のものはガードが硬く、証券会社等はなかなか手を出すことができません。

Ａ社の株はこれから値上りして必ず儲ります。
証券会社営業
なんでよ、Ａ社はＲＥＯ低いし、将来性あんの？
嘘つけ
一般サラリーマンＯＢ

ところがこれが公務員だということになると、状況がまったく変わってしまいます。

もう私共を信じて 100 万円預けて頂ければ 1 年で 10 万配当しますデス
チョロイ
投資会社営業
本当ですか
それじゃ 100 万円
お願いします
公務員ＯＢ

section 4

「当面使途がないなら定期預金に」

それで投資運用ではなく、もし銀行に預けておくとして、銀行の預金なら何がいいんですか。

銀行預金っていうと、普通預金やスーパー普通預金が一般的で、これにいろいろな定期預金があるんだ。

いままで毎月のお給料をやりくりして、**定期預金とかほとんどやったことない**んですよ、実は。

一般的な定期性のある預金としては、**スーパー定期**、**大口定期預金**、**期日指定定期預金**がある。

普通預金と定期預金ってほんとに利息が違うんですか。

普通預金と定期預金の利息を比較する

現在の金利は超低金利です。昔のように普通預金より定期預金の方が圧倒的に有利ということはありません。

普通預金の金利 ➡ 年 0.001%

定期預金の金利 ➡ 年 0.010%

この金利で 100 万円を 1 年間預けておくとその利息は。

普通預金 ➡ 年間　10 円（税引前）

定期預金 ➡ 年間 100 円（　〃　）

さらにここから約 20%の税金が差し引かれます。

つまり、手元に現金を持っているよりも防犯対策上銀行に預けておいた方が安全という防犯対策目的しかないということです。

でも普通預金で〇・〇〇一%、定期預金でも〇・〇一%っていう金利は何なんですか。

百万円預けて**一年で手取り七円**とか**七十九円の金利**っていうことだからね。

それでも**投資運用はすべきではない**というのが先生の本音なんですね。

まあ私だったら七円の利息でも、変な投資をして損をするより安全な道を選ぶね。

そうすると、いろいろな投資を検討するよりも**普通預金のまま**ということなんですかね。

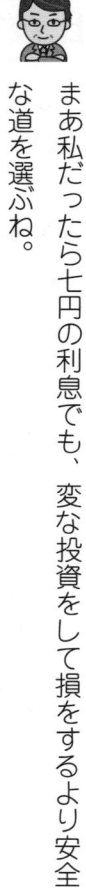

各種定期預金の比較

現在普通預金の金利は年 0.001%、つまり年間 100 万円で 10 円の利息です。しかしここから税金が差し引かれて実質 7 円と少しです。これを定期にするなら次のようになります。

① スーパー定期預金

1 円単位で 1 カ月以上、10 年以内で金利は 0.01%ですから、100 万円で 100 円 (税引前) です。

中途解約はもちろんできますが、このときには 0.01%の金利ではなくもっと低い中途解約利率が用いられます。

② 大口定期預金

最低 1,000 万円で 1 カ月以上、10 年以内で金利は 0.01%ですから上記のスーパー定期預金と同じです。

③ 期日指定定期預金

1 円単位で預け入れ可能で、預け入れて 1 年以上経過すれば 1 カ月前に期日を指定すれば引出可能です。

金利はやっぱり年 0.01%で上の 2 つの定期と同じです。

section 5

「大口預金者だけにある特典」

預金者も預金残高が一千万円を超えると銀行でいろいろなサービスをしてくれる。

それ友達から聞いたことありますけど、温泉旅行とかに招待してもらえたりするんですよね。

昔はそういうのがけっこう派手にあって、銀行間でも顧客獲得競争みたいなのがあった。でもいまは金融庁からそういうサービスは禁止されているんだ。

だから、いまは定期預金をしても、ティッシュペーパーくらいしかくれないですね。

でも大口預金者には少しだけ特典もあるよ。

大口預金者の特典

都銀など大手でも預金高 1,000 万円以上の預金者には特別会員などと称して下記のような特典を付けています。

1. 定期預金の金利上乗せ
2. 不動産ローンの金利引下げ
3. ＡＴＭ引出料の無償化
4. 貸金庫の優先利用や利用料割引
5. デパート等の買物割引サービス
6. 投資セミナー等への招待
7. 旅行予約代行

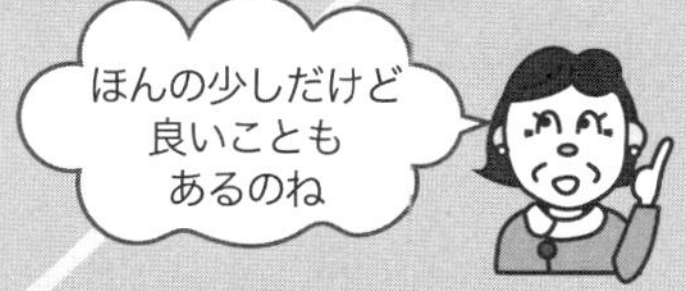

昔はもっともっといろいろありました。しかし、残念ながら今はお役所からの指導で、接待やお歳暮などの特典はありません。

心得 その6

●無理に投資をしようなどと考えない。

●定期預金でお金を守る方がずっと安心。

●「労働にまさる貯蓄（貯金）なし」と考え、健康なうちはダンナさんに働いてもらう。

●投資で儲けることができるのは資金力がある富裕層のみ、年金受給者の投資ではお金はほとんど増えないと考えること。

●銀行・証券・ＦＸ等のすべての投資会社は公務員ＯＢ・ＯＧを「カモ」だと思っている。

第七章

PART 7

退職金を投資で増やす方法

section 1
「投資で退職金を少しだけ増やす」

でもなんで日本はこんなにいつまでも不況が続き景気が悪いんでしょうね。

たぶん**我々が生きている間は、もうバブルの時のような好景気はなく、このままの不況が続く**ことは覚悟しなきゃならないね。

何が原因なんですか。

資本主義の大前提の物を作って売却するという経済構造が大きく変わり、働いても給与収入が少ないのでお金が使えないという悪循環の連鎖が原因だ。

それって政治の力でもどうにもならないんですか。二〇二〇年のオリンピック開催じゃ景気は回復しませんかね。

日本経済回復のために

景気を回復させるためには経済活性化が必要です。そのためには、会社の業績が良くなり給料がたくさんもらえるようになることが理想です。

現在の不況原因

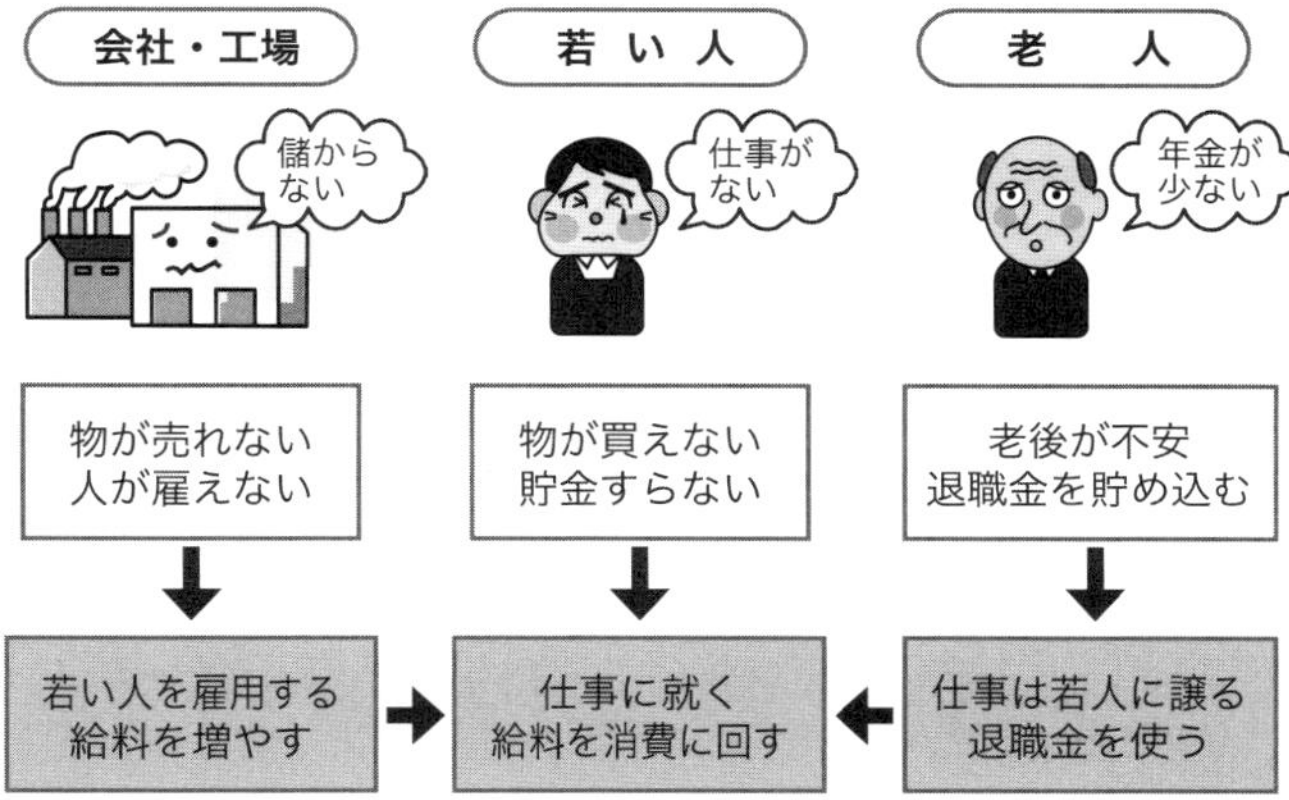

2020年頃　景気回復??

しばらくの間、**景気回復が期待できないなら、自分達の退職金は守るなり、少しでも増やすなり**しなくちゃなりませんよね。

うんと増えなくても少しでも増やすようにしなきゃならない。

ということは投資をするということですか。

いくら大口でも預金利子があまり期待できないとなれば、お金を何らかの方法で投資しようと考えるのは当然だ。

でも投資って言葉はＴＶなんかでは凄く目にするけど、私なんか全然経験がないんですよ。

毎月定額の給料で生活している家庭じゃ預金を少し増やすのが精一杯で、投資なんていうのは別世界のことだね。

そもそも投資というのはお金がある人がするイメージがありますよ。

まあ普通のサラリーマンじゃお金があるとは言えないけど、退職金をもらったから今ならどうだい、言葉は悪いけど**俄《にわ》か成金**だろ。

エッヘン、確かに少しばかりお金は持っていますよ。

だからいままで経験がなくても、投資しようかなという気持ちになるんだ。でも**投資は怖い物**だ。注意が必要だよ。

投資は大手の銀行や証券会社でやるから安心だというわけではないということですね。

大手の銀行や証券会社だから詐欺のようなことはしないけど、投資の中には**最初の投資額が戻らない**なんていうものもあるから慎重に考えなきゃだめだ。

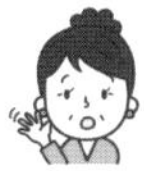

インターネットなどで目にする「私は退職金の何千万円を失いました」なんていうのがそうなんですね。それで投資にはどんなものがあるんですか。

section 2

「投資の種類」

いま投資にはいろいろなものがある。中にはハイリスク・ハイリターンといって**回収不能になる危険性は高い**けど**高額な回収額が期待できる**なんていうギャンブルみたいなものもある。

一番よく聞くのが**株式投資**ですよね。

昔からすごく一般的なものだね。

あと証券会社にお金を預けて、お任せで増やしてもらう**投資信託**なんていうのもありますよね。それだとなんか素人でも簡単に投資できそうですね。

投資には大まかに次のようなものがある。

投資にはどんな種類があるのか

投資には簡単に次のようなものがあります。誰でもどこにでもいくらでも投資は可能です。でもどれもが儲かり安全というわけではありません。

株式投資	証券会社等で適当な銘柄の株式を購入し売却益や配当金、さらに株主優待券などを期待する
投資信託	信託銀行などにお金などを預けて、運用その他を一切まかせて分配金の受取りを期待する
外貨建金融商品	外国の株式等を購入したり、外貨建の預金をして売却益等と為替による利益を期待する
不動産投資	土地やマンション等の不動産を購入し、賃貸料を得ながらその売却益も期待する
貯蓄型投資	リスクや手間を回避し、銀行にそのままお金を預けて利息をもらうという投資もあります

section 3

投資の際の注意事項

投資なんて簡単に考えてましたけど、なんかいろいろ種類があるんですね。

投資には現在いろいろな種類があって、**誰でも何にでも好きなだけ投資ができる**。だけど、その前に注意しなければいけないことがいくつかあるんだ。

そういうことって特に私たち公務員OBはちゃんと聞いとかなきゃだめですね。

そうそう以前話した資本主義のからくりを思い浮かべること。**投資会社は、君達に投資をさせて、お金を巻き上げる**という本質は忘れちゃだめだよ。

投資でカモにならないために

何に投資するにしても次のことを念頭におくこと。

- **相談窓口**…どこの投資会社に相談に行っても「ウチのこの商品が最高」といわれるが鵜《う》呑《の》みにしない
- **売上や人気 NO.1**…広告のキャッチコピーの売上や人気ナンバーワンは信用しない
- **高額な還元**…あたかも少ない投資額で高額なリターンが期待できるというセールストークは信用しない
- **契約解除時の戻り**…とにかく中途で解約することになったときに、最初の投資額が保証されていることが一番
- **最後の質問**…窓口担当者に、自分がお勧めの投資をいくら位しているか聞いてみる

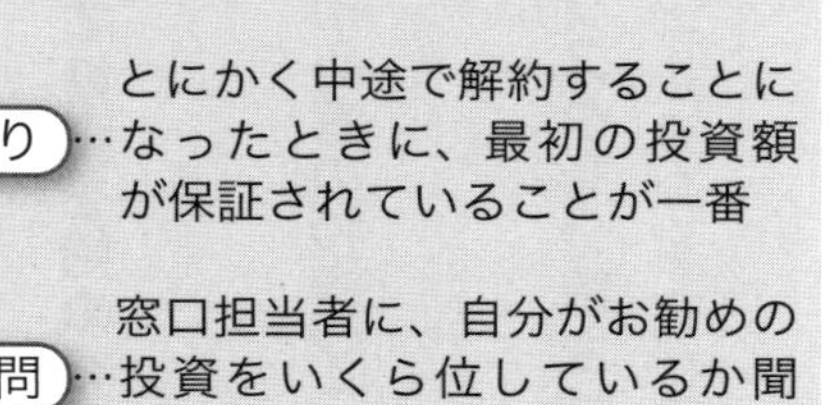

section 4

「初めての投資の心構え」

これからは毎日時間があるから、パソコンを一日中眺めて株式投資なんていうのを継続してやることもできる。

でもその前にまず**どんな風にして投資を始めればいいんですか。**何か注意することとかあるんじゃないですか。

投資でカモにならないために、**初心者の投資マニュアル**のようなものもあるんだ。

一個所に投資を集中させずにリスクを分散させるなんてことくらいは知ってますけど、あとどんなことがあるんですか。

初心者投資の心得

投資を実際に始めようとするときは下記の方法を考慮してください。

①	投資開始金額	…初めから大きな額を一個所に投資するのではなく、少額から投資できるものを選択すること。
②	リターンは少なめのもの	…リターン率が高いものほど危険性がある。初めからハイリスク・ハイリターンのものを選択しないこと。
③	複雑な投資は避ける	…レバレッジやデリバティブなど素人は最初から複雑な仕組みの投資には手を出さないこと。
④	即時解約できるもの	…急にお金が必要になったときに簡単に投資を中断できること。
⑤	元　金　保　証	…解約時には必ず当初の元本が返還されるのを選択すること。

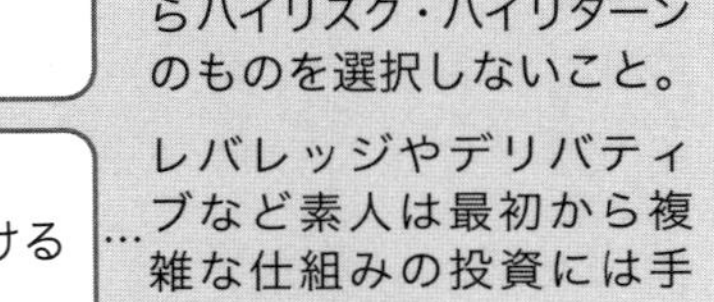
上記の事項に注意して
投資の方法を選べば
まずは心配ない

それでどこかの会社の投資窓口に相談に行けば必ず「**うちの商品が安全で儲かります**」って勧められるんですよね。

でもそれを鵜呑《うの》みにして投資しようなんて考えては絶対にダメだ。

前にも話してもらいましたけど、まず「検討してみます」って帰ってきてインターネットで調べたりして**投資の中身を調べてみる**んですよね。

そうだったよね、**窓口担当者の営業トークはとにかく要注意**だから。

投資を始めるなら事前に相当勉強してから、**少額でリスクの低いもので**、さらに**解約容易で元金が保証されている**というものが大事なんですね。

これを念頭にしておきながら**投資をいくつか分散して行う**という方法もある。これも一つの投資で多少損をしても他で儲けてプラス・マイナスでゼロとするような危険回避の手段だね。

それでいちばんリスクが低くて、リターンもあまり多くなく、常時解約可能な投資ってなんですか。

それは**貯蓄投資**ということになるね。

銀行とかの預貯金も投資になるんですか。

投資の世界では預貯金も投資手段のひとつと考えられている。ただ**安全性は高い**けど、**利率が低いから投資としてもほとんどうまみはない**。

でもたしかにリスクや利息、常時解約、元本保証と考えると安全な投資そのものですね。

逆に、**株式投資などは危険性も高く、リターンも株価が上がり続ける保証はない**し、解約しますといって売却しても**元本が必ず保証されるわけではない**から要注意だね。

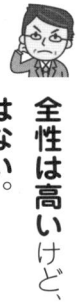

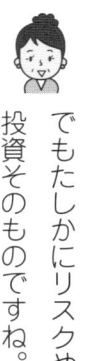

section 5

「個人向け国債は債券投資」

新聞なんかで目にする**個人向け国債**ってどうなんですか。

国債を保有するのは債券に投資することになるので、投資の世界では**債券投資**に分類される。国債以外にも株式会社の発行する社債券を保有するなどの方法もあるんだ。

その債券投資というのは素人が始めてどうなんですか。さっきの**少額開始**、**低リスク**、**即時解約**で**元本保証**は大丈夫なんですか。

日本国が発行しているものだから**最低金利保証**（平成二十九年十月現在　年〇・〇五％）や**元本保証**などもちゃんとしている。

急に解約するようなときはどうなんですか。

購入して一年経過後は解約できるけど、受け取った分の利息について少々ペナルティーが差し引かれちゃう。

それじゃ中途解約という点では注意が必要ですね。

国債は政府の宣伝効果もあって、結構若いサラリーマンにも人気で**普通預金をこの個人向け国債に振り替えている人**も多いんだ。

人気があるということは**魅力がある**ということですよね。そんないいものなんですか。

宣伝みたいになっちゃうけど、いつでも**一万円単位で投資**できて、**投資期間も三年、五年、十年と三種類あり**、**金利も固定と変動になっていて**解約時に少々ペナルティーはあるけど**元本保証もある**から安心だよ。

国債は証券会社とかで手に入れることができるんですよね。

section 6

「投資信託による投資」

投資というと、やっぱり一番最初に思い浮かぶのがこの**投資信託**ですよね。でも名前だけで、どんなものかも全然わかりません。

投資そのものはお金を預けて増やそうということだね。だから前に説明した銀行預金のような貯蓄投資や国債の債権投資と同じ投資の一手段ということになる。

でもこっちは**投資に「信託」ということばがくっついている**から意味が違うんですよね。

投資信託というのは、**他人にお願いして、預けたお金を増やしてもらうこと**なんだ。

お願いする相手が証券会社や信託銀行ということなんですね。

それでこの投資信託は、私たち素人が始めても安心なんですか。

投資信託も少額から始められるから簡単ではあるね。投資方法によっては数千円からのものもある。だから気軽に始められるよ。

でもリターンやリスクはどうなんですか。

問題はそこなんだ。まさに**投資信託はリターンの確かな保証はないし、元本の保証もない**から、元本が戻らない危険性もある。

それじゃ投資信託なんて誰もやらないはずなのに結構投資している人も多いのはなぜなんですか。

信託会社の方でも、会社の信用を失わない程度に**リターンとリスクの両方をみてお金を運用しているからある程度信用していい**んだ。

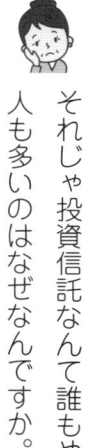

ただしね、ある程度信用するということだから自分でもいつも投資運用の状況を判断したりするための勉強なども必要だから。

いくらプロに頼んでいるとはいえ**自分でも注意が必要**だということですね。

だから何でも他人任せにしているような性格の人には、投資信託は危険かもしれないね。だからそれが面倒くさいという人は、国債のような**債券投資**の方がお勧めだ。それも面倒くさいとなれば、**銀行の大口定期**にしておくのが楽でいい。

それでこの**投資信託**というのは**元本割れ**みたいなことも起こるんですか。

リーマンショックのようなときには、株価などが暴落するから元本割れのようなことも起こる。

投資信託のメリットとデメリット

投資信託は他人にお金を増やしてもらう特殊性から、下記のようなメリットとデメリットがあります。

・メリット

- 少額投資が可能
- 簡単に投資が始められる
- プロに運用を任せられる
- 分散投資が可能

・デメリット

- 販売手数料や報酬の支払いがある
- 多くのリターンは期待できない
- 投資状況を常時チェックする必要がある
- 元本割れするリスクもある

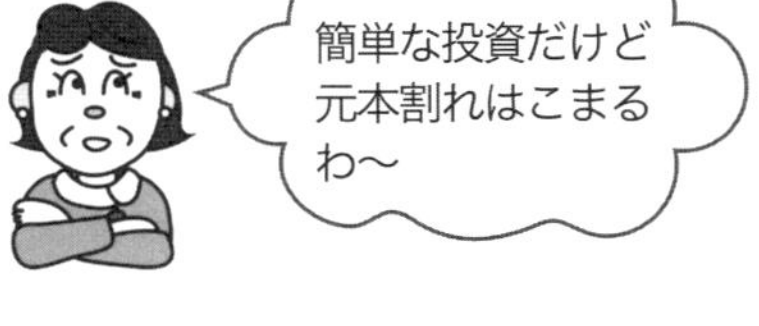

section 7

「株式投資はギャンブルなのか」

株式投資というと大損をしたとか財産を無くしたという怖い話と、株売買だけで優雅に暮らしているなんていう両方の話を耳にしますよね。どっちが本当なんですか。

まあ株式投資は、正直なところ、**凄く儲かるというより、少し損をする**という方が正しいだろうね。

でも株式投資をしている人が大勢いるということはやっぱり儲かるんじゃないんですか。

投資した全額をまるまる失うということはないけど、**少し儲かってその代わりにちょっと損もしている**というのが事実だろうね。

そもそも株式って売買するものなんですか。

株式は売買ばかりが注目されるけど、本当は株式会社という**法人組織に出資をしていることを示している。**その出資を示す証券を手に入れるために、その日の時価で株式を購入するということなんだ。

株式を持っていると値上がりした時の儲け以外に何か良いことってあるんですか。

その会社がもし**利益を出せば配当金**というのがもらえる。それから最近は**株主優待**といって、デパートなら商品券、交通関係の会社なら無料乗車券、飲食関係ならお食事券をもらえたりする。

それで株式投資は競馬などのギャンブルと同じものだっていう人もいます。でも**株式投資とギャンブルは本質的には違う**んですよね。

例えばギャンブルは**十万円をつぎ込んで外れればゼロ**だ。だけど株式は購入時の時価より下がっているときは損をしているように感じるけど、**実際に売らない限りお金を失うわけではない**。

確かに時価が下落したら損をしているように感じますけど、そのまま我慢して持っていればお金を失うわけではないということですね。

ただね、株の売買でも**先物売買**と呼ばれるものや**外国での株式投資**など特殊なものに手を出すと大損をするんだ。

個人投資家が**僅かばかりの資金**で**何社かの銘柄の株式売買**をしている限り、それほど怖いものではないということですね。

まったく安全というわけではないから、もし株式投資をやっても深入りしてはダメだよ。

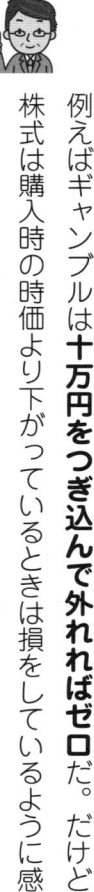

株式投資のための心得

株式は投資方法によっては大きな損失を被ることもあります。

- 心得 1…少額を分散して複数の会社の株式に投資する。
- 心得 2…日々の値動きの変化に動揺せずに長い目で値動きをみる。
- 心得 3…噂や他人のアドバイスなどに惑わされない。
- 心得 4…日々、常時株価や値動きをスマホなどでチェックしない。
- 心得 5…値下がりした銘柄も上場企業なので必ず回復すると信じること。
- 心得 6…値動きの儲けより、株主優待の方がお得なこともある。
- 心得 7…小心者、慎重者は株式投資には向かないと思え。

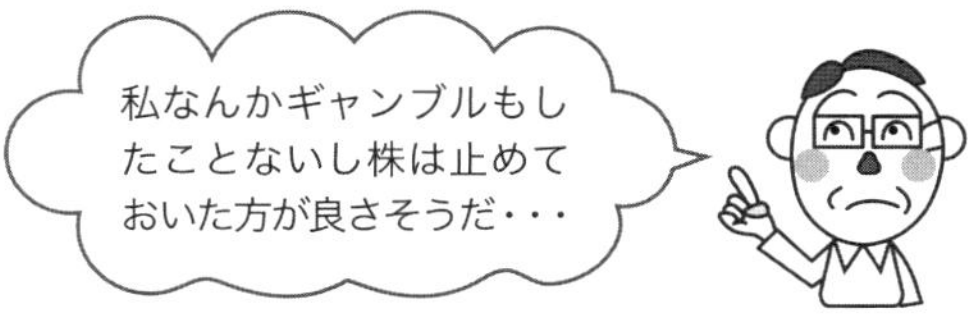
私なんかギャンブルもしたことないし株は止めておいた方が良さそうだ・・・

section 8

「海外投資の方法もある」

海外投資なんてなんか外国に別荘でも購入するようなイメージがありますね。

いやいや残念ながらそんな大げさなものじゃないんだ。**外貨建て預金**だとか**外国の株式や債券への投資**をすることだから。

国内の債券や株式の投資の経験がない私たち素人が、いきなり海外投資というのも何だか怖いですね。

確かにそれはいえるね。まあここではその種類や注意事項だけを紹介しておくよ。

海外投資向け金融商品

投資の対象一般を「金融商品」と呼びます。ここでは外貨による金融商品を紹介します。

- **ＦＸ取引（外国為替証拠金取引）**…日々変動する為替レートを参考にして外貨を売買して差額を儲ける方法
- **外貨建預金**…日本円ではなくドルやユーロなどの預金をする方法
- **外国債券**…外国が発行している債券を購入する方法
- **外国投資信託**…外貨建ての公社債や短期金融商品で運用されている外貨建ＭＭＦが代表的商品

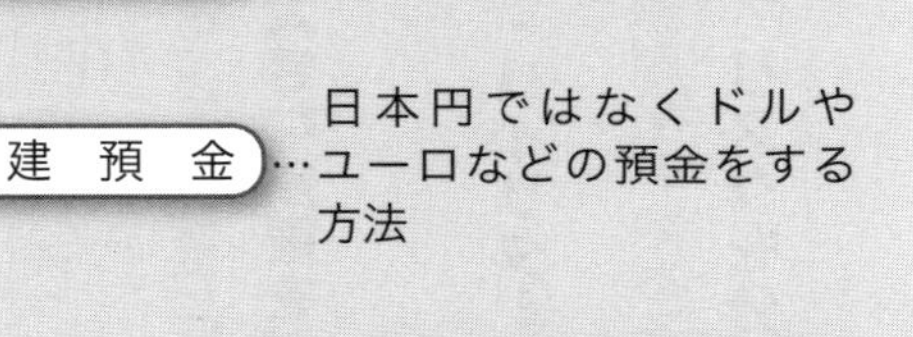
ＦＸってよく聞くけど、
誰でも簡単に始められるのかな

なんか名前だけでも複雑そうなものばかりですね。

外貨は、円と外国通貨を換金するときに**為替レートの変動で為替差損益が必ず出てくる。**さらに金融商品独自の**売買損益**、**配当や分配金**がもらえる。

そうなると為替差益と配当などで、ダブルで儲かるってことですね。

円高や円安の状況によっては確かにそうだけど、逆に考えると為替が大きく変化して、**大きな損害をダブルパンチで被ることも**覚悟しなければならない。

いわゆる**ハイリスク・ハイリターン**ということですね。

だから外貨建ての金融商品を始めるときには同じ商品だけでなく異なる商品を複数持って**リスクを分散**、**回避**するような方法も考慮しなければならない。

でもそんなのって絶対に私たち素人には無理ですね。

特に最近この外貨建ての投資で損をしている人が多いのがFX取引といわれているものだ。

でもFX取引ってパソコンのバナー広告っていうんですか、画面にやたらに出てきて簡単に儲かるとか書いてありますよ。

証拠金をある程度、だいたい**十万円位をネット会社に預けて**、後は**スマホで為替相場を見ながら売買してその変化で儲けよう**というシステムだね。でもだいたいの人は証拠金を失って「ハイ、さようなら」というケースがほとんどだ。

スマホを使って簡単な投資に見せかけ、**証拠金だけ騙し取られる**ということですね。

でも多くの人が、儲かると思って始めちゃうんだ。ほんとに**広告の鵜呑みは怖い**よ。

そういう投資は、手軽なだけに本当にやってはダメですね。

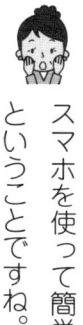

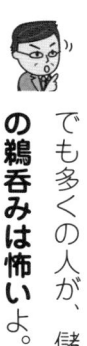

section 9

「どんな投資にも税金はかかる」

投資はどんなものでも、**儲かれば税金が課税**される。

こればかりは国の決まりですからしょうがないですよね。

それぞれの投資により、どの程度の税金がどんな方法で課税されるかも、投資を始めるときには考慮しなくちゃだめだから。

なんか広告で見たんですけど「**NISA**《ニーサ》」っていうのがあるんですよね。

素人が簡単に株式投資を始められるようにした**少額投資非課税制度**のことで、**年間で百二十万円までの配当金や株式売却益には課税しない**という制度のことだ。

それってやっぱり私たちみたいに少ない資金を株式投資する者にはありがたいシステムですね。

さらに今は「**ジュニアＮＩＳＡ**」というのがあって親が子供の名義で株取引をしても非課税になっている。

そのジュニアＮＩＳＡって**子供名義**のものだけなんですか。

いや驚くことに**孫の名義でもＯＫ**なんだ。この制度はね、バブル崩壊で個人の株式投資が敬遠されているから、株式市場拡大のための緊急政策の一環なんだ。

まあ制度の背景はともかく、少しでも得ならやってみる価値はありますよね。

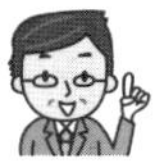

始めようと考える前にさっき説明した**株式投資の注意事項**も忘れないようにね。

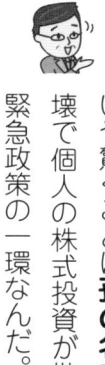

心得 その7

●投資を始めるなら事前準備の研究と学習を十分にする。

●投資で高額の儲けが得られるわけではないことも覚悟しておくこと。

●年金受給者の投資で儲かっている人などほとんどいない。

●どうしても投資をしたいのであれば「国債」のみにしぼる。

第八章
PART 8

終の棲家はケアホーム

section 1

「定年後の住宅をどう考えるか」

ウチは母がいた頃の二十年前に家族五人で五ＬＤＫに建替えて、いま困ってるんだ。

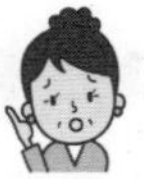

そんなに広い家にゆったり住めて何を悩むんですか。

それがいまは夫婦二人暮らしで、**維持費ももちろんだけど掃除とかが大変**なんだよ。

家を建てるときはやっぱり家族構成で最大のキャパを考えるからそうなるんですね。

首都圏近郊で三十年以上前に、私鉄が開発した**ニュータウン**なんかも、いま**ゴーストタウン**になっちゃって社会問題になってるよね。

あともっと深刻なのは、地方都市や農村みたいなところですよね。

日本人は昔から**土地に対する執着心が強い**から、不動産を一度手に入れると手放そうとしないところがあるよね。

親も必ず長男とか子供に、生きているときから、「**この土地はお前にやるから必ず守り通せ**」なんて言いますよね。

私も亡父からそういわれたし、子供達にもそんな話をすることがあるよ。

でもだいたい子供は都会に出ていたり、すでにマンションとかを買っていて**なかなか実家には戻らない**んですよね。

私の知り合いで、片親が地方でぽつんと寂しく暮らしているなんて人もいて大変だと思うよ。

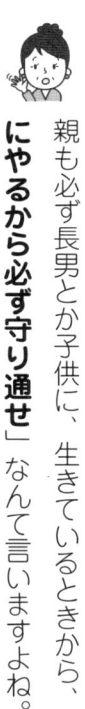

年寄り二人暮らしも、お互いに元気ならいいですけど、**介護とか一人暮らしになったら子供も心配**ですね。

実家には戻るに戻れず、かといって親を引き取ることはもっと難しいということだからね。

ウチも子供達には頼らないと前から考えていて、自由にしていいとは言ってるんですけど、どうなることやら。

生活費は年金と貯えで、住む所は自宅ということなら老後の生活に困ることはないね。

でも、孫もかわいいし、ときどき「子供と同居したいなー」なんて気持ちにもなるんですよね。

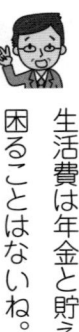

終の棲家の選択肢

現在の持ち家をどうするかにはいくつかの選択肢が考えられます。古くなったマイホームをリフォームしながら住み続けるのが一般的でしょう。

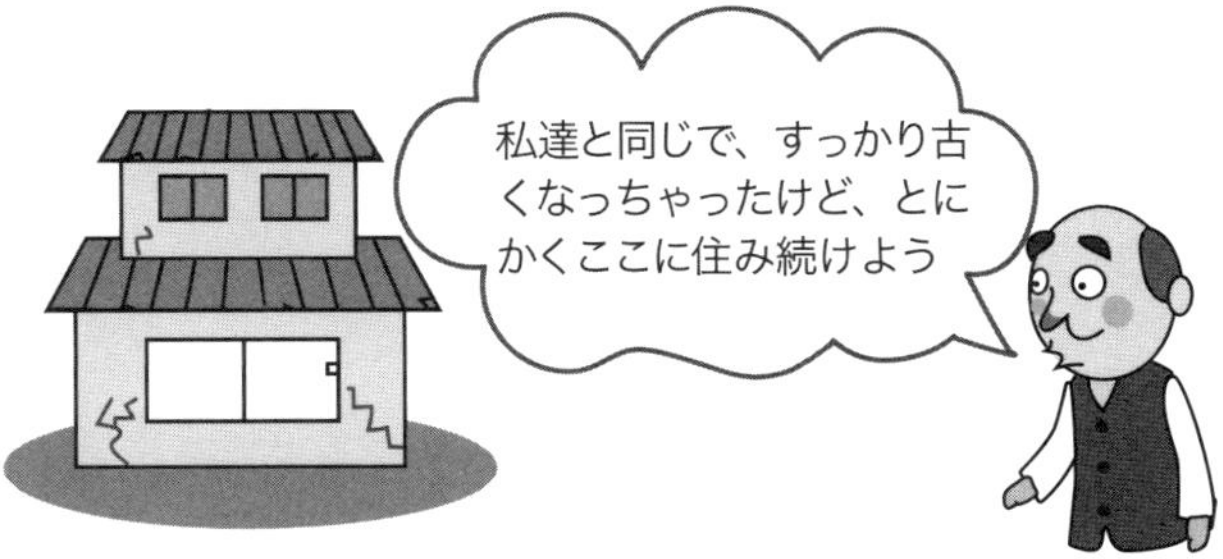
私達と同じで、すっかり古くなっちゃったけど、とにかくここに住み続けよう

それとも決心して、自宅を処分して手に入れたお金で、ケアホームで老後を快適におくるという選択肢もあります。

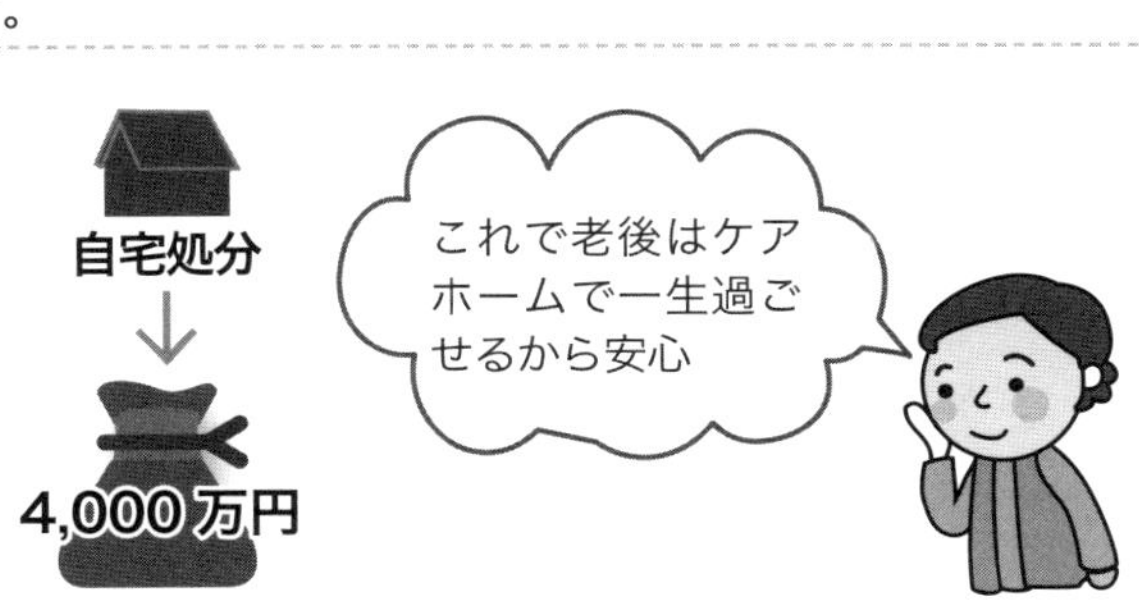
自宅処分
4,000万円
これで老後はケアホームで一生過ごせるから安心

section 2

「持ち家にこだわる理由はない」

住宅ローンが残っていれば、退職金を受け取ったら真っ先に返済するっていうのは話したね。

ローンの中に利息がたくさん含まれてるから、無駄な支払いをダラダラ続けないということですよね。

そうだね。**毎月少々の支払い額だし、残りの支払期間が僅かだから〜まあいいか**ってのはダメだよ。

そういうところも面倒だと考えないで**テキパキと手続きをしたほうがいい**ですね。

※－1行

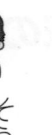

公務員の中には、退職してから老後のために住宅を手に入れるという人もいるよね。私の後輩なんだけど、大学を卒業してからこれまで全国転勤が当たり前で官舎住まいの人がいる。

なるほど公務員でも国家公務員の特殊な仕事をしている人達ってそうですよね。

だから**これから退職後の住宅を買うかどうか**を考えているんだ。

でも場所によっては、物件が高くて退職金もほとんど無くなっちゃいますよね。

だから私は「**家は買わないで退職金をそのまま残しておいて一生賃貸住まいをしろ**」ってアドバイスしたんだ。

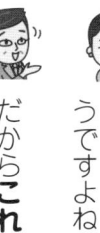

エッ～でもそれじゃ財産が残らないじゃないですか。

住宅の選択で持ち家か賃貸かっていう話は昔からあるよね。

鶏が先か卵が先かみたいな結論の出ない話ですよね。

それぞれ自分の考えがあるから、**どっちが得か損かということはわからない**よね。

それで先生はどっち派なんですか。もう二十年以上、持ち家に住んでいるのだからやっぱり持家派ですか。

退職前はそうだったけど、いまは**賃貸でもいい**ような気がしているよ。

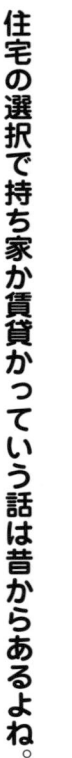

持ち家派か賃貸派か

持ち家か賃貸かの優劣の結論は出ません。老後に病気、一人住まいなどさまざまな要因が発生することが考えられるからです。

	メリット	デメリット
持家派	●住宅賃料の支払いがない ●住む場所の心配がない ●土地は財産として残る ●売却して換金可 ●社会的信用が得られる	●子供独立後は空室 ●メンテナンス費用がかさむ ●ローン決済で手持金減少 ●病院、スーパー等の利便性 ●簡単に2世代同居できない
賃貸派	●近隣変化、家族状況で引っ越し可 ●賃貸場所等選択可 ●固定資産税、相続税の負担なし ●メンテナンス費用なし ●ケアハウスへ引っ越しもあり	●財産が残らない ●契約更新費用あり ●高齢者の賃貸物件希少 ●立退等の不安 ●一人暮らしになったときの不安

20～40代が持ち家か賃貸かという比較ではなく60～80代がどうするかという選択だという点にも注意が必要です。

section 3

「持ち家の莫大なメンテナンス費用」

いま住んでいる家はもう二十年になるんですけど、外壁とか屋根のメンテナンスの時期みたいなんです。

新築のときはキレイで立派だけど、どうしても十年、二十年と時間が経つと**古くなってきて修理は仕方ない**。

でも私達が年を取るのと同じで、家もどんどん古くなっていくということは覚悟しておいた方がいいですね。

悲しいことに、人間も家も、古くなればなるほどメンテナンスの費用はかかるからね。

本当にこれからなんだかんだで健康にもお金がかかりますよね。

持ち家だって三十年を超えて住み続けるなら大掛かりなリフォームとかも考えなきゃだめだ。

先生の家なんかも、その時は広くて、お金かかりますよね。

家の耐用年数のことを考えると、できるだけ早くリフォームって考えるけど、なかなか決心がつかないよ。

だって先生はお金もたくさんあるし、どんどん直せばいいじゃないですか。

いやいやそれが、外壁で一〇〇万円、屋根で二〇〇万円、水まわりで二〇〇万円なんて金額見ると悩むよ。

古くなればなるほど家の維持費はかかるものなんですよね。それで**持ち家思考が賃貸思考に変化**しているんですか。

夫婦二人なら、**スーパーとか病院が近所にあれば駅から遠くても郊外や地方の賃貸でもいい**と思うんだ。

通勤がなければ、老後は静かな所でスーパーと病院の近所っていうのは理想ですね。

それでいろいろ考えると、古い家に何百万もお金を掛けるのはどうもね。

持ち家だから自分の財産って考えても、そうなると**お金がかかる財産で借金と同じ**ですね。

住宅ローン完済で退職金が減り、メンテナンス費用でさらに減り、あげくの果てに残った建物は価値ゼロではね。

そのあたりにも持ち家か賃貸かの選択肢の要素があるということですね。

持ち家の予想外の支出に要注意

持ち家は自分の財産ですが、必要に応じてそれなりの支出を覚悟しておく必要があります。

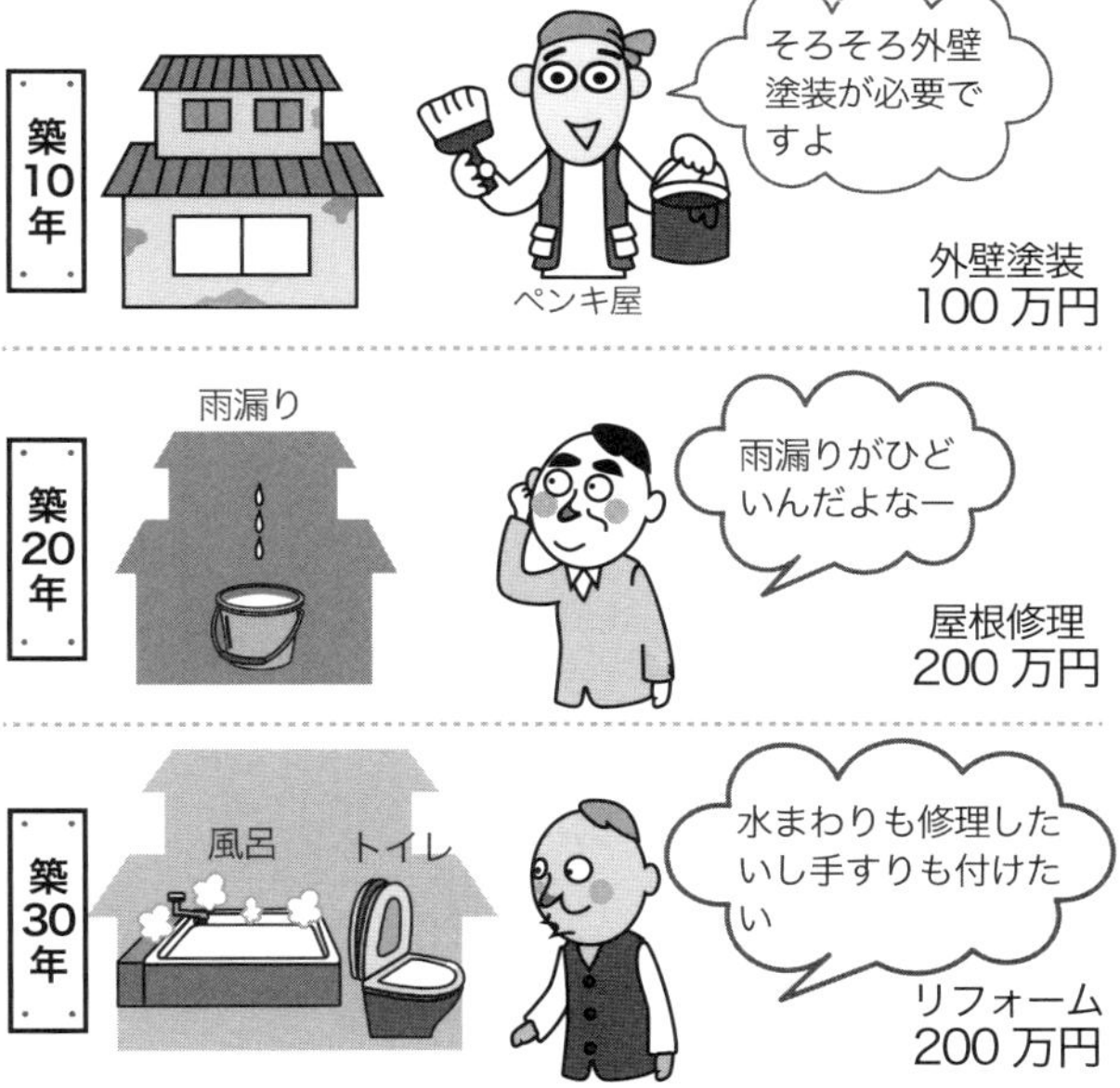

大掛かりなリフォームになればお金はもっと必要ということになります。でも、いくら支出しても建物の価値が上がるわけではありません。

section 4

「子供と同居してはダメ」

私ちょっと考えているんですけど、**いまの家を取り壊して子供名義**で建物の建替えをして同居する方法もありますよね。

古くから行われている**二世帯住宅建替え**の典型的なパターンだ。

でもウチなんか同居って考えると、いくら玄関、台所が別々でもちょっと考えますよ。

子供と同居っていいかなって思うけど、やっぱりお嫁さんとか孫とか考えるといろいろ騒々しくなるからね。

それに**子供がもうローン組んでマンションや一戸建てに住んでいる**と、ますます**同居は難しい**ですよ。

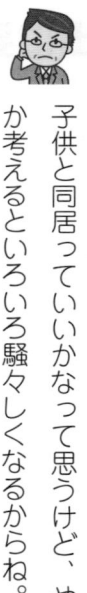

同居をするための問題点

子供と同居することになれば、親子とはいえ新たな人間関係で苦労することも覚悟しなければなりません。また資金的な心配もあります。

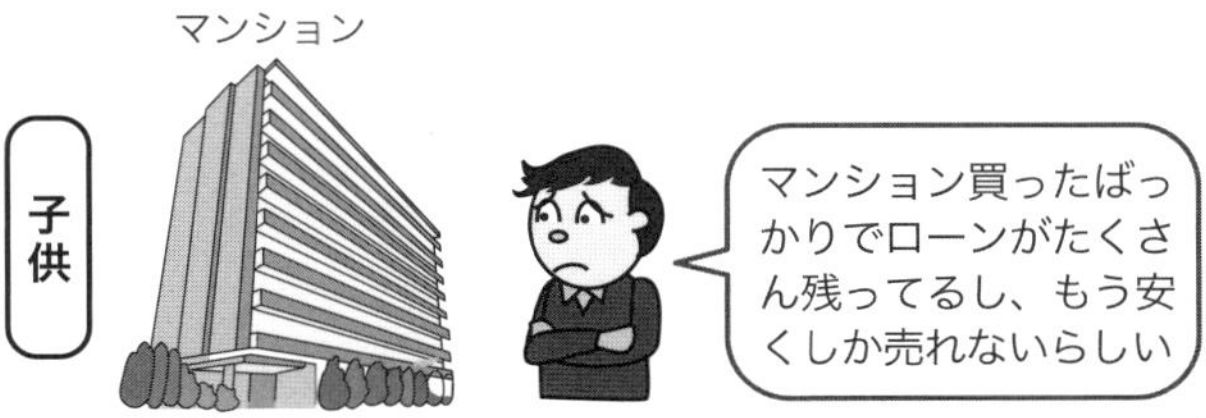
マンション
子供
マンション買ったばっかりでローンがたくさん残ってるし、もう安くしか売れないらしい

子供がすでに住宅を持っていれば、その処分にも不安があります。

新築二階建て
両親
ムリムリ
古い家は壊すのもお金がかかるし、新しい建物のお金は出せないしなー

住める住宅を壊してしまうのはもったいないです。さらに新しい建物の資金の心配もあります。

そこを何とか子供を説得して二世帯同居を始めたとするとどうだろうね。

当初はいろいろギクシャクしたりするかもしれないけれど、結果はハッピーファミリーってことになるんじゃないですか。

いやいや、今度は孫が巣立ち、子供夫婦一方が先に亡くなり、家もどんどん古くなったらどうだろう。

そうすると、**今度は子供が私達と同じ苦労を背負い込むこと**になりますね。

結局、**いまある問題点や悩みは何も解決しないで、子供の代に先延ばし**になるだけなんだ。

なるほどたしかにその通りですね。

子供や孫も住み続けるのか

住宅や土地は子や孫に相続されますが、そこに住み続けるかどうかは子供たちの意思しだい、だったらあなたが売却するという選択肢もあります。

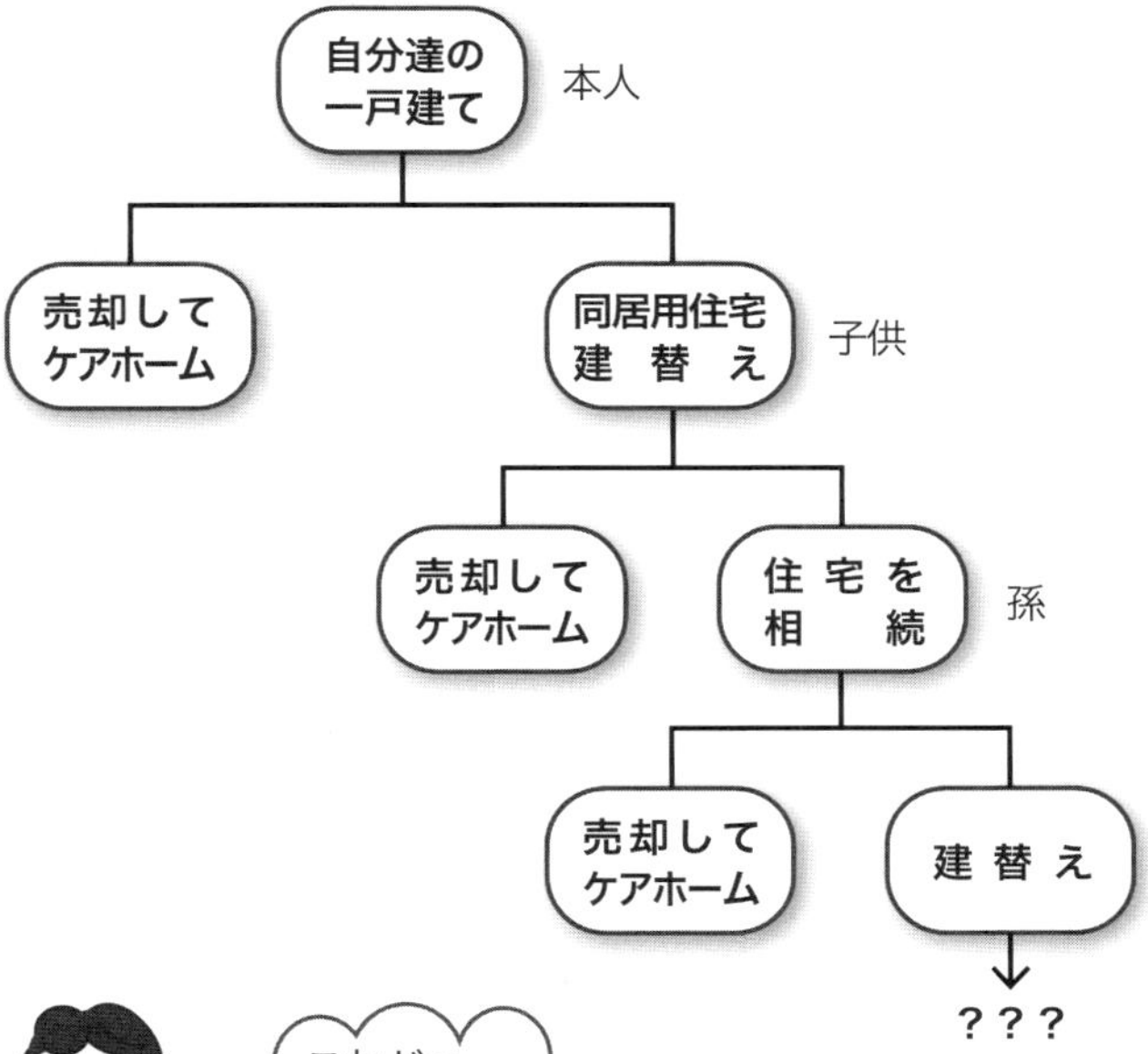

section 5

「親の土地に子供だけで新築する」

それから同居しないで古い建物を取り壊して、その土地に子供だけで自由に一戸建てを建てる方法もある。

それ子供のためにはいい方法かもしれないですね。でも、そういうのは税金的に何か問題はありませんか。

アカの他人の土地に家を建てて地代を支払わなければ、これは**無償地代の分が贈与税**の対象になる。

それは親子間でも贈与という問題が生じるのですか。

親子間の場合には「使用貸借」と考えて贈与税の問題は生じないとされている。

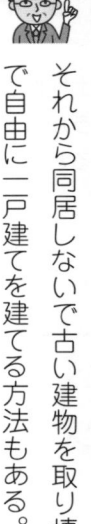

親の土地にタダで住む！

他人の土地を借りて家を建て、地代を支払わずに住めば、タダで住んでいる人は地主に支払うべき家賃を贈与を受けたことになり、贈与税を支払わなければなりません。

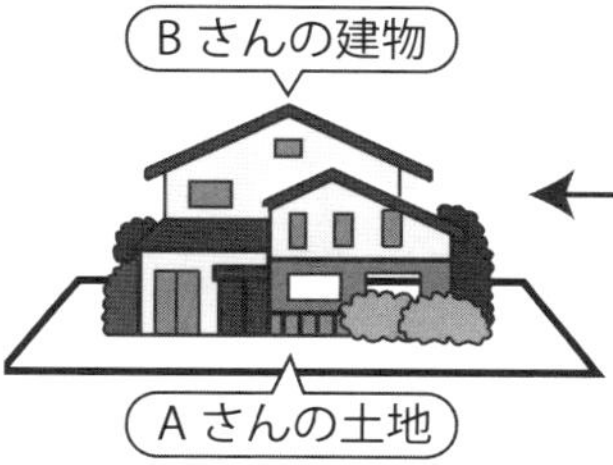

地代なし

Bさんは地代時価相当の贈与税を支払う

これに対し父の土地に子供が家を建て、地代を支払わなくても、「使用貸借」といってちょっと貸してもらっているという関係で、贈与税は課税はされません。

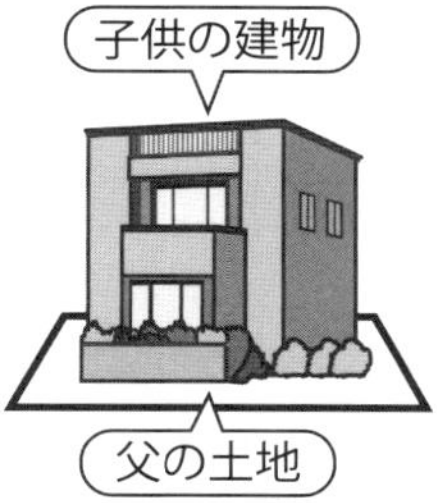

地代なし

親子間の使用貸借なので税金はかからない

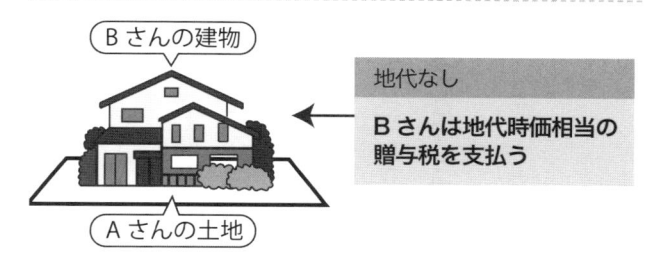

ただ、親の土地に住宅を建てて、家賃を支払わないで住むというのも注意が必要なんだ。

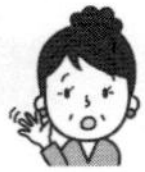

その後に何かあるんですね。

そうなんだ。もしこの土地の所有者のお父さんが亡くなって、土地を奥さんや子供が相続するときに問題があるんだ。

死んだお父さんの土地は、私か子供が相続しますよね。

このとき普通ならお父さんが一戸建てを建てて住んでいた不動産として、**土地の評価額がマイナスされる**んだ。

土地の評価額がマイナスされるということは**相続税が安くなる**ということですね。

でもこれは、**土地、建物がお父さんの一括所有**で、奥さんか子供が引き続き居住用として使用するという条件があるんだ。

でも土地はお父さん名義、その土地に建つ住宅は子供名義ならダメということなんですか。

完全にダメというわけではないんだけど、状況によっては**相続税を少し支払う可能性**もある。

それなら親の土地に住宅を建てて子供が住むというのも、計画前にいろいろ調べておく必要がありますね。

後で第九章の相続のところで話をするけど、相続税の基礎控除や土地の評価方法があるから必ず税金を支払うわけじゃない。

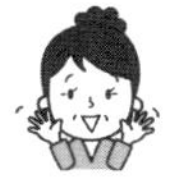

そういう話を先に聞いておいてよかったです。二世帯住宅を建てる前にもいろいろ考えてみます。

section 6

「住宅を処分してケアホームへ」

友達のお父さんが、奥さんに先立たれて不便さと寂しさで、**都内の一戸建てを処分して静岡のケアホームに引っ越した**んです。

それはまた**勇気ある決断**だったね。子供達も賛成だったの。

それが子供二人が完全に独立していて、不動産の相続にも固執していなくて同意の上だったらしいです。

お父さんの面倒がみられないなら、そんな方法を取るのが**家族全員にはいい解決方法**かもしれないね。

でもちょっとお父さんがかわいそうだなぁって気もしますよ。

よく世間で言われているように、そういう人は**老後は子供に迷惑をかけない**ということを早くから覚悟していたんだよ。きっと。

ケアホームの料金も年金額を少し上回るくらいで、土地の売却代金は、そのまま残っているそうです。

結局そうすると、子供達は残されたその現金を相続するね。

子供達は古い建物と土地を相続しても、**住むことがなければそれを処分して現金を分けるんだから同じなんでしょうね。**

むしろ現金をお父さんの生きているうちに**子供達に上手く贈与すれば税金も少なくてすむ**よね。

それでちょっと気になるんですけど、住んでいる家を売ったときの税金ってどのくらいなんですか。

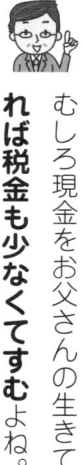

税法では**居住用の不動産を売却したときにはできるだけ税金はかけないように考慮してくれている**んだ。

それは友人のお父さんのようなケースではなく、ウチが自宅を売却しても同じなんですか。

そもそも住宅を売却しても、そのお金で次の住宅を買うのか、買わないにしても賃貸でもお金は必要だろ。

つまり、次の住宅のために税金はかけないよ。ということなんですね。

いちばん代表的なものが**住宅を売却したときの売却益三〇〇〇万円までには課税しません**という制度がある。

売却益三〇〇〇万円っていうのはけっこうな金額ですね。

居住用財産 3,000 万円の特別控除

現在住んでいる住宅を住み替えや資金入手目的で売却しても、売却して計上される売却益（儲け部分）3,000万円までについては所得税は課税されません。

売却に諸経費が発生してそれが 200 万円だとするとどうでしょう。

土地売却益：

4,500万円－(2,000万円＋200万円)＝2,300万円

この 2,300 万円から特別控除最大 3,000 万円がマイナスできます。

課税対象： 2,300万円（売却益）－2,300万円（控除額）＝**ゼロ**

つまり税金は課税されないということになります。

section 7

住宅を売却したときの税金

一般的には居住用住宅を売却したときには、この三〇〇〇万円の特別控除があるから課税はされないんだ。

でももし住宅の売却益が三〇〇〇万円を超えたらどのくらいの税金を払わなきゃならないんですか。

住宅の保有期間が**五年超なら所得税と住民税で二十%、五年以下なら三十九%**とされている。

五年以下の三十九%っていうのはけっこう凄いですね。

かつてバブルの頃に土地ころがしで儲けようなんて輩がたくさんいたから、それもあってこの税率なんだ。

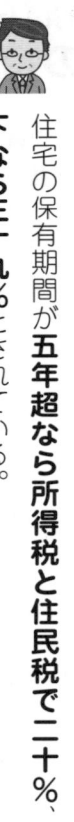

不動産譲渡に係る税金

土地・建物の売却による利益は、税法では譲渡所得と呼びます。この譲渡所得は給料などの所得とは別に独立して税金が課税されるシステムになっています。

不動産売却益 ⟶ **分離課税**

また土地建物の所有期間を5年で区切り、5年より短いときには短期譲渡所得、また5年より長いときは長期譲渡所得として異なる税率で課税がされます。

売却額 5,000 万円

この差額4,000万円が売却益になり、ここから3,000万円が控除できます。

保有期間5年超 ⟶ **長期譲渡所得**

（4,000万円－3,000万円）×20％＝200万円《税額》

保有期間5年以下 ⟶ **短期譲渡所得**

（4,000万円－3,000万円）×39％＝390万円《税額》

（注意）復興特別所得税が別途課税されます。

これは住宅も含めて不動産を売却したときに普通に課税される税金ということだからね。

居住用ならこの売却益から三〇〇〇万円がマイナスできて、利益が残っていればそれに課税されるということですね。

そういうことになるね。でも**税法ではさらに手厚く住宅の譲渡益には課税を軽減するようにしてあるんだ。**

国も一般的な人が住む住宅やその資金を無理やり取り上げようとしないよ、ってことなんですね。

空き家の譲渡の特別控除や税率の軽減、さらに住宅の買替えの特例なんていうものまであるから。

居住用不動産の売却時の特例

居住用の土地建物を売却したときには、その売却益3,000万円までには課税しないという特例措置があります。これを居住用の土地建物の売却時の特例といいます。

これ以外にも下記のような特例措置もあります。

① 空き家の売却の特例

両親が生前居住していた土地建物を相続し、その後空き家のままとし3年以内に売却したときは、売却益3,000万円までには課税しない。

② 居住用の土地建物の軽減税率

10年超の居住用の土地建物を売却した場合は特別控除3,000万円を超える部分についても6,000万円までは税率を14%とすることにしています。

③ 特定居住用土地建物の買換の特例

所有期間、居住期間が10年以上の居住用の土地建物を1億円以下で売却し床面積50㎡以上、土地面積500㎡以下の居住用財産と買換えた時には課税を繰り延べることができます。

心得 その8

●住宅のリフォーム、建替、売却は衣食住に関する基本かつ重要事項だ。

●人生最後の決断と考え、退職金の最善の使い道を選択する。

●すでに持ち家がある場合は、子供達と話し合い家の相続について早めに結論を出しておく。

●「終の棲家」はケアホームとの結論が出れば、家のメンテナンスは最低限にとどめる。

●現在、官舎や賃貸物件に住んでいるのであれば、持ち家は考えずに、一生賃貸に住むという選択肢もある。

第九章

PART 9

払い過ぎの税金を取り戻せ

section 1

「年金も容赦なく課税する日本」

年金にも税金がかかっているのを知っているかい。

えー本当ですか。だって年金って老人が細々暮らすために、国が支給してるんでしょ。

そう。**国がわずかばかりの金額を支給して、それを税金として容赦なく徴収**する。これがいまの日本の政治なんだ。

そんな風にして集めた**税金の一部が公務員の給料**になってたなんて申し訳ない気持ちです。

とにかくいまの日本は無駄使いが多すぎてお金がないから、取れるとこからは、弱者からでもどんどん税金を取るんだ。

なんか公務員として一生懸命に働いていてもそんな話を聞くと心苦しいですね。

まあ、それで年金なんだけど、支給額の報告書みたいなハガキが役所から送られてこないかい。

ああ送ってきますね。何なんですかあれって。

あのハガキは年金支給額と税金の控除額が書いてあって、よく見ると**源泉徴収額**っていう欄がある。

それが税金として差し引かれた分ですね。でも源泉徴収っていう言葉どっかで聞いたことありますよ。

そりゃそうだよ。いままで**毎月もらっていた給料から引かれていた税金も源泉徴収された税金**だからね。

毎月もらってた給料、そしてこれから**二カ月ごとに受け取る年金**、どちらも**税金**が引かれるということですね。

源泉徴収というのは所得の分配をする前に先に税金だけを集めてしまおうという合理的な方法なんだ。

それで年金から差し引かれるのは税金だけなんですか。

いやいやまだほかにも**保険料**とかが引かれるんだ。

えっ〜それでだいたい毎回どのくらい引かれるんですか。

年金支給額から**十〜十五%くらい**は控除されると考えた方がいいね。

年金から徴収される税金等

これからせっかくもらえることになる年金ですが税金以外にもいろいろ天引きされてしまいます。

年金支給総額		
控除内訳	税金	所得税
		住民税
	保険料	介護保険料
		国民年金保険
		後期高齢者医療
差引振込額		

控除額は個々の事情などにより全てが控除される訳ではありませんが、基本的に上記の控除が合計 10%～15%くらいあると考えてください。また保険料等は金額決定時期の関係で毎回同額ではありません。

section 2

「年金の確定申告なんかするな」

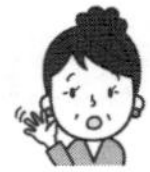
年金から毎回源泉徴収されることはわかりました。それじゃ勤めていたときと同じように年末調整もあるんですね。

ところがね。**年金については年末調整というシステムがない**んだ。

何でなんですか。それじゃ税金払い過ぎって人もいるんじゃないですか。

でも誰が年末調整をやるんだい。役所や会社なら経理課でやるけど年金の支給者は誰なんだい。

そうか、年金を支給した役所で受給者の老人全員分の年末調整は無理ですよね。なるほどなー。

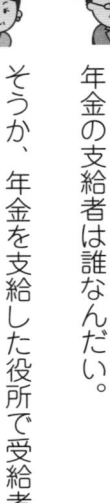

年金は確定申告不要

年金は毎回税金が天引きされています。

年金支給額 － 税　金　等 ＝ 振込入金額

つまり上記の天引きされた税金等がその年の納税額になります。

税法では公的年金の収入額が年間 400 万円以下であり、その他の所得があってもその金額が 20 万円以下の場合は確定申告もする必要はありません。

年金受給者

- 年金額 400 万円以下

かつ

- 他の所得 20 万円以下

↓

翌年 3 月 15 日に確定申告する必要はない!!

これまで御主人が毎月もらっていた給料は税法では**給与所得**という項目に分類されるんだ。

年金はこれから二カ月に一度振り込まれるんですけど、やっぱり年金もその給与所得になるんですか。

給料は労働の対価だけど年金は福祉としての支払いを受けるので給与ではないよね。

そうすると分類上は何になるんですか。

公的年金の支給額は、**「雑所得」**っていう区分に分類されるんだ。

なんかゴミ箱みたいなどうでもいいって感じの分類区分ですね。

まあ税法でも課税をしようというのだからどこかに分類しなきゃいけなくてそんな分類になっているんだ。

それぞれの収入を分類する

所得税法では個人の収入をまず 10 種類に分類します。年金収入しかない人は雑所得のみということになります。

所得の区分項目

給与所得	… 勤務先からの給料、ボーナス等
退職所得	… 退職時に受け取る退職金
雑所得	… 今後受け取ることになる年金
事業所得	… 商売による儲け
不動産所得	… アパート経営による家賃収入
譲渡所得	… 不動産や株式を処分したことによる儲け
利子所得	… 銀行預金などの利子
配当所得	… 株式保有により受け取る配当金
一時所得	… 競馬等のギャンブルの払戻金
山林所得	… 山林の伐採や譲渡による所得

上記をそれぞれの事情によりまとめたり、単独で税額の計算をすることになります。

それで**公的年金四〇〇万円以下**と、もうひとつ**他の所得が二十万円以下**ってありましたけど、あれどういうことですか。

あれはたとえば、年金をもらっている人が他で給料をもらったり、株式の売買で儲けたりというケースなんだ。

でも二十万円ってパートとかでもすぐ超えちゃうんじゃないですか。

二十万円以下っていうのは**収入額**ではなく**所得の金額**だから、実際の収入はもっと多い金額だよ。

うちのお父さんは再就職して関連団体で六十五歳まで働いて、結構給料もらうから、これからは毎年確定申告しなきゃならないってことなんですね。

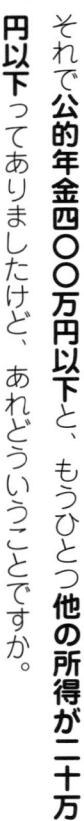

合計所得金額 20 万円以下

合計所得金額 20 万円以下っていうのは収入額が 20 万円以下という意味ではありません。

1 パート等の給料の場合

給料等の金額 − 給与所得控除額 ＝ 給与所得

2 原稿料収入

原稿料収入 − 資料等の必要経費 ＝ 雑所得

3 家賃収入

受取家賃 − 維持費等の必要経費 ＝ 不動産所得

上記のように一定額を控除した金額が 20 万円以下ということです。ちなみに上記 3 つが全部あっても、その合計が 20 万円以下なら、申告は必要ないということです。

section 3

「確定申告で税金を取り戻せ」

年金の税金は、もらう老人の数が多くても全員から**源泉徴収**で集められるんですね。

容赦なく税金は徴収できるんだろうけど、やっぱり人によっては**一部還付**してあげなきゃならないこともある。

それで、年金をもらっている人でも**医療費**をたくさん払えば**税金の還付**とかあるんですか。

もちろん、サラリーマンと同じように一定の税金の支払いをしていれば税金は戻って来るよ。

それって医療費の支払い以外にどんなものがあるんですか。

勤めていたとき年末に**生命保険料の支払証明書**とかを経理に出したよね。

そうですね。あと**住宅ローンの支払金額の明細書**みたいなものも出しました。

あれは全部年末調整の資料なんだったね。

そうそう、それで必ず十二月分の給料は少し税金が戻ってきましたよね。

でも年金は年末調整をしないんだよね。

ということは、**いままでの生命保険料の控除**とかをこれからは**確定申告**をしなければならないんですね。

そうだよ。**年金の金額と生命保険料の支払額などを確定申告すれば税金は戻ってくる**んだ。

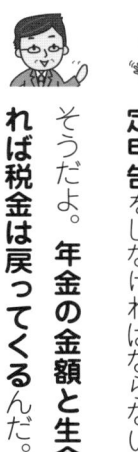

ということはこれから私たちは、**毎年、確定申告をしなければならない**ということですね。

そう、さっき年金四〇〇万円以下は確定申告不要なんて宣言したけど**実際は確定申告して税金を還付してもらうんだ。**

でも税金が少しでも戻るなら面倒くさいなんて言ってる場合じゃないですね。

それから、税金の還付といって払い戻してもらえる権利が五年間あるから、昔の分で還付できる医療費の支払いなどがあるときは、翌年の三月十五日を過ぎたとしても、払い戻してもらった方がいいよ。

過去五年分までは税金が戻るっていうのは知りませんでした。それは覚えておきます。

確定申告で税金が還付される場合

受け取る年金は税金が天引きされていますが、1月1日から12月31日までの間に次のような支払いをしている場合には、翌年3月15日に確定申告をすれば税金が戻ってきます。

税金の還付が考えられる場合

① 他へ勤務していて給料から税金が天引きされている

② 社会保険料の支払いがある

③ 生命保険料、地震保険料の支払いがある

④ 多額の医療費の支払いがある

⑤ ふるさと納税している

⑥ 家財等に災害が発生している

還付は翌年3月15日が期限ではなく、その後5年間は還付請求できます。

section 4

「ケアホーム代金の支払いはどうなる」

これまでに自分達や子供の病院関係の支払いで、医療費の還付申告ってしたことあるよね。

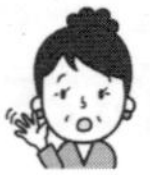

そうそう、ちょっと歯を直すとか、家族でしょっちゅう病院に行ってると**一年で十万円**なんてすぐ超えちゃいますよ。

それじゃ**どんなものが医療費控除の対象**になるか、ならないかよく知ってるよね。

もしかしたら税理士の先生より詳しいかもしれないですよ、ほんとに。

ここでは**普通の医療費じゃないもの**の話をしたいんだ。

いまみんな長生きだから、自分の両親が八十歳を過ぎているなんて人がけっこういる。

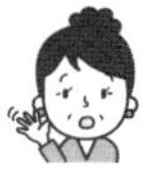

元気なうちはいいけど、ちょっと具合が悪くなったら、病院やケアホームで面倒をみてもらうことになりますね。

両親ならともかく君達だって六十歳を過ぎればいつ何があってもおかしくはない。

元気なのが一番ですけどこればかりはねー。

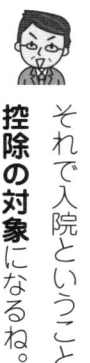

それで入院ということになれば**入院関係の費用はだいたい医療費控除の対象**になるね。

なんか**差額ベッド代はダメ**みたいなのがありましたね。他に細々したものがいろいろありますよね。

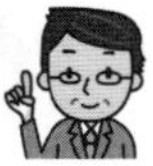

それで入院後に**ケアホームに移ったときのケース**を説明したいんだ。

そういうのは病院で紹介してくれたり役所の福祉課で斡旋してくれるんですよね。

介護等の状況によって、自分のことがだいたいできれば**有料のケアホーム**に移ったりする。

介護がかなり必要だということになれば**特別養護老人ホーム**に入るってことになりますね。

このような**介護費用の支払いについても医療費控除の対象になる**んだよ。

これからはこっちの方の医療費控除もよく知っておかなきゃダメですね。

介護費用も医療費になる

有料老人ホーム（介護付、住宅型）は福祉的な利用目的であるためその費用を負担しても基本的に医療費控除の対象にはなりません。

有料老人ホーム費用 → 対象外

これに対して特別養護老人ホーム（通称「特養」）は地方公共団体や社会福祉法人が運営する介護専門の施設です。特養の入居は年齢や要介護度等の条件があります。

特養の費用 → 一部医療費になる

両親等と同居していなくても仕送りで上記介護費用を負担していれば控除の対象になります。

訪問介護など介護保険の居宅サービスは医療費控除の対象になりません。

section 5

「確定申告が必要なこともある」

年金以外の所得がなかったり、生命保険料の控除もなければ三月の確定申告の必要はないんですね。

まあこれからは医療費が増えるから、**医療費控除のために確定申告**は不可欠なんじゃないかな。

生命保険や地震保険の支払いもなくて、元気で医療費の支払いもない老人なんてある意味凄いですよね。

本当にこれからはお金も大事にしなきゃならないけど、健康はもっと大切だね。

それじゃこれで確定申告の説明は完了ですか。

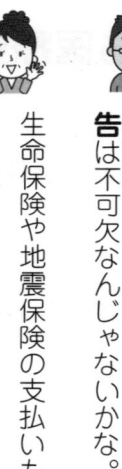

もうちょっとだけ話しておきたいことがあるから待ってよ。

なんなんですか早く先を聞きたいのにー。

確定申告っていうのは税金を支払うか返してもらうための手続きなんだけど、**税金ゼロでも申告が必要なものもある**んだ。

何ですかそれ、税金ゼロでも確定申告しなきゃいけないものって。

マイホームのセクションで話した**特定居住用住宅の買換えの特例**っていうのがあったね。

そんなのありましたっけー。三〇〇〇万円の控除なら覚えてるんですけど。

十年以上住んだ住宅を一億円以下で売却して、売却した金額より高い住宅に買換えたときは課税をしないってやつだよ。

売却時の課税はしないっていっても後で課税をするっていう変なやつですね。

この買替えの特例適用を受けるときには税金の支払いはないけど、買替えをした事実を申告しておく必要があるんだ。

だから**税金がゼロでも申告書の提出が必要だということ**なんですね。

それから**三月十五日に申告**するのは**所得税の申告**だけじゃなくて、この後で説明する**贈与税の申告**もあるよ。

それじゃあこれからは申告書を二枚出すこともあるんですね。

退職後に確定申告する場合

下記のようなケースでは税金の納付や還付等がありますから確定申告をする必要があります。

① 年金収入 400 万円以下でも他の所得が 20 万円を超える場合

例
- アパートの家賃収入がある
- 給料等を受け取っている
- ゴルフ会員権の売買益がある

② 株式の売買をしている者で特定口座（源泉徴収なし）や一般口座を利用している者

③ 多額の医療費を支払っている

④ ふるさと納税をした

⑤ 災害や盗難などの被害を受けた

⑥ 住宅ローンを引き続き支払っている場合

⑦ 特定居住用住宅の買換えの特例を受ける場合

いままでは、年末調整だけで年間の税金は全て精算されました。しかしこれからは申告をすることも考慮してください。

心得 その9

●今後は必ず三月に、自分自身で確定申告をする。

●親や配偶者の介護費用も医療費控除の対象になるものもある。

●僅かばかりでも戻って来るなら申告する。

●税金の支払いがなくても申告しなければならないものもある。

第十章

PART 10

財産の相続に係る税金

section 1

「相続税はかからない」

ウチのお父さんは、我が家のお金のことにぜんぜん関心がないんでいつも困っちゃうんですよ。

家計も含めて、一家の財産は奥さんが管理しているのが普通だからね。

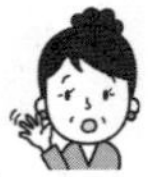

それで**子供達へ財産を残すとなるとやっぱり税金のこと**が頭にちらつくんですよ。

君のウチはそんなに小銭を貯め込んでいるってわけかい。

ウチはそんなに財産があるわけじゃないですけど、**残った財産には相続税とかがかかる**んですか。

たしかに財産がたくさんあれば相続税を支払わなきゃならないね。

どこの家でもダンナさんが死んだら相続税を払っているってことですか。

いやいやとんでもない。相続税を支払うのは、**死んだ人、百人に対して五人くらい**の割合なんだ。

ということは**ほとんど相続税を払っている人はいない**ということですね。

相続税には**一定の控除があって、これを超える財産があれば税金を払う**システムになっている。

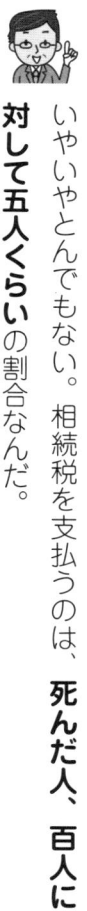

そうなっているんですか。それでいくら位その控除っていうのがあるんですか。

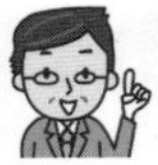

どんな場合でも**財産総額から三〇〇〇万円は控除**される。

残された家族の人数とかは関係ないんですか。

さらに**家族一人あたり六〇〇万円を加算**した金額が控除額になるからね。

するとウチは私と子供二人だから三人分で一八〇〇万円、それに三〇〇〇万円と足すと合計四八〇〇万円ということですね。

けっこうな金額になるだろう。それでこの額を超えた分に相続税がかかるってことだ。

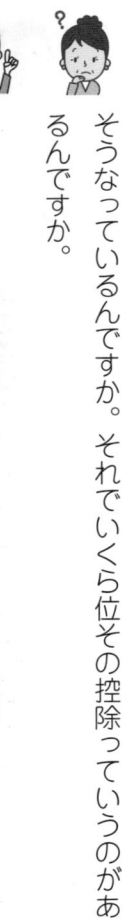

遺産に係る基礎控除

死亡した人の財産のうち下記の金額までは基礎控除といって相続税は課税されません。

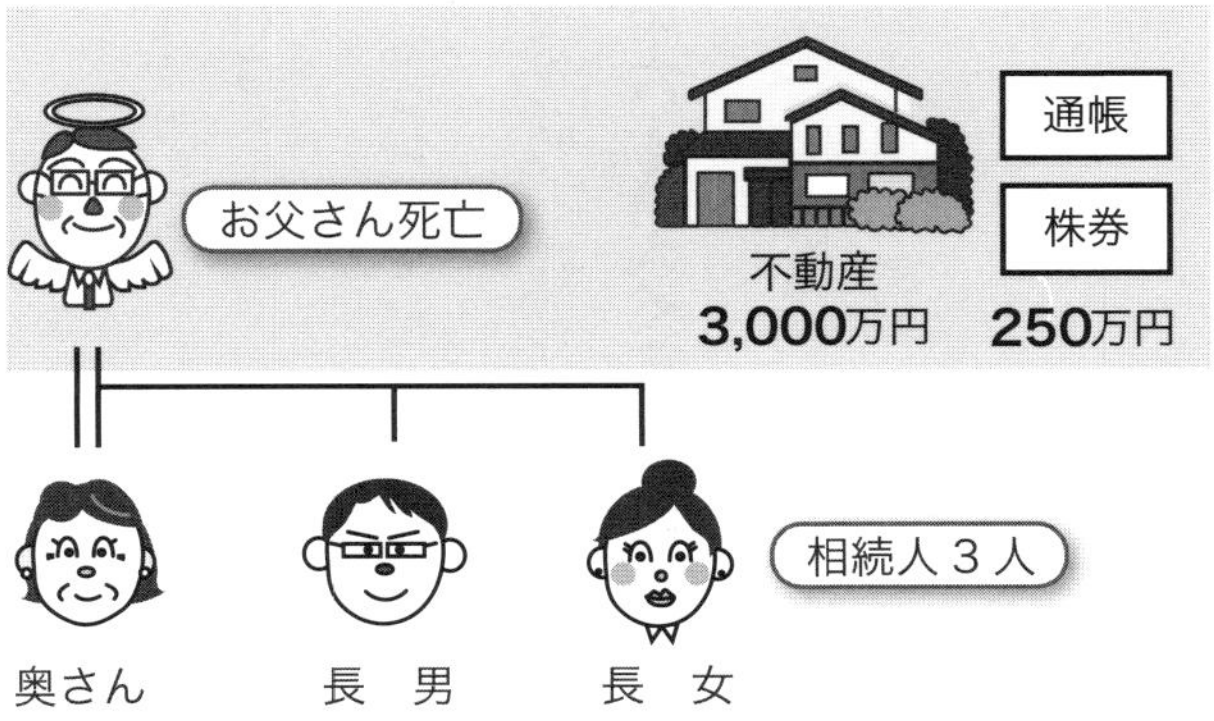

基礎控除額は 3,000 万円を基本にして相続人 1 人あたり 600 万円として計算します。

基礎控除：

3,000万円 ＋ 600万円 × 3 人＝ 4,800万円

つまり 4,800 万円以下の財産しかなければ相続税は課税されないということです 。

でもウチなんかでも私と子供二人で四八〇〇万円っていうのは軽く超えちゃうような気がするんですけど。

財産なんか無い、無いって言ってるけど、本当はかなり貯め込んでるね、それは。

いえいえ、四八〇〇万円っていう金額のイメージですよ。

この基礎控除は、以前の金額を政策で最近引き下げたので、これからは**百人中六～八人くらいは相続税を支払う**ことになるらしい。

それでもまだ数パーセント、ということはウチはやっぱり関係ないですね。

税務署が相続のことを知っている理由

お父さんが亡くなれば相続税の発生が考えられます。しかし相続税は申告納付といって奥さんや子供が申告しなければ税務署はその発生を把握できない気がします。

ところが人が死亡すると市区町村役場から税務署に誰々がいつ死亡したという情報が流れます。

また、土地等の不動産名義を父から子に変更したような時にも同様に不動産を管理する法務局から税務署にその旨が報告されます。つまり税務署は全て知っているということです。

section 2

「財産にも取り分というものがある」

相続のときってよく親族で揉《も》めるって聞きますよね。

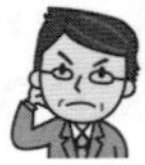

民法で**法定相続分**っていうのが決めてあるけど、なかなかその通りにはいかないからね。

相続のときは、どんなことがあっても**奥さんの立場がいちばん強くてたくさんもらえる**んですよね。

そんなことだけはやけに詳しいんだね。さすが主婦はガッチリしている。

そうするとウチの場合なんかはどうなるんですかね。私と子供二人なんですけど。

奥さんと子供二人なら、まず君が**全体の半分**をもらえることになる。

まず半分ですか。それはすごい！

そう**配偶者という立場は民法上でもとても強い**んだ。やっぱり家庭内でも権力者だろ。

そんなことはないですよ、いつだって立場の弱い女性ですから。それで子供たちはどうなんですか。

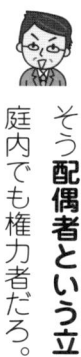

お子さん達には残りの半分を半分ずつ、つまり二分の一の二分の一だから四分の一、全体の二十五％ということだね。

なんかピザパイの切り分けみたいに取り分が決まっているんですね。

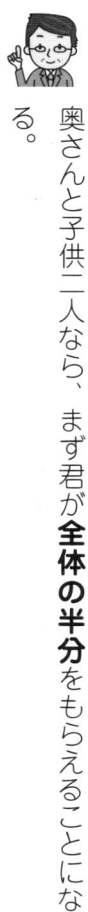

でもこれも法律で相続分が決まっているだけで家庭にはそれぞれ事情があるから揉めるんだ。

ウチも長男にはいまの住宅を相続させて、長女は嫁に行くときに住宅資金を持たせようと思っているんです。

親がそう考えて、できるだけ平等に分けようと思っても、**後になると事情や気持ちが変わる**から揉めるんだ。

でもウチはかなり前からそのことを、子供達二人に何度も話していますから納得しているはずです。

だいたい揉める家は、そういうことをお父さんの生前にきちんと話し合っていないケースがほとんどなんだ。だから、**家族が集まる正月とかお盆のときに**、**お父さんの口からはっきり子供達に財産をどうするかを伝えなきゃダメ**だよ。

財産の取り分はどれだけか

これは相続税がかかる、かからないに関係なく、民法で定められた法定相続分という各人の取り分を示しています。

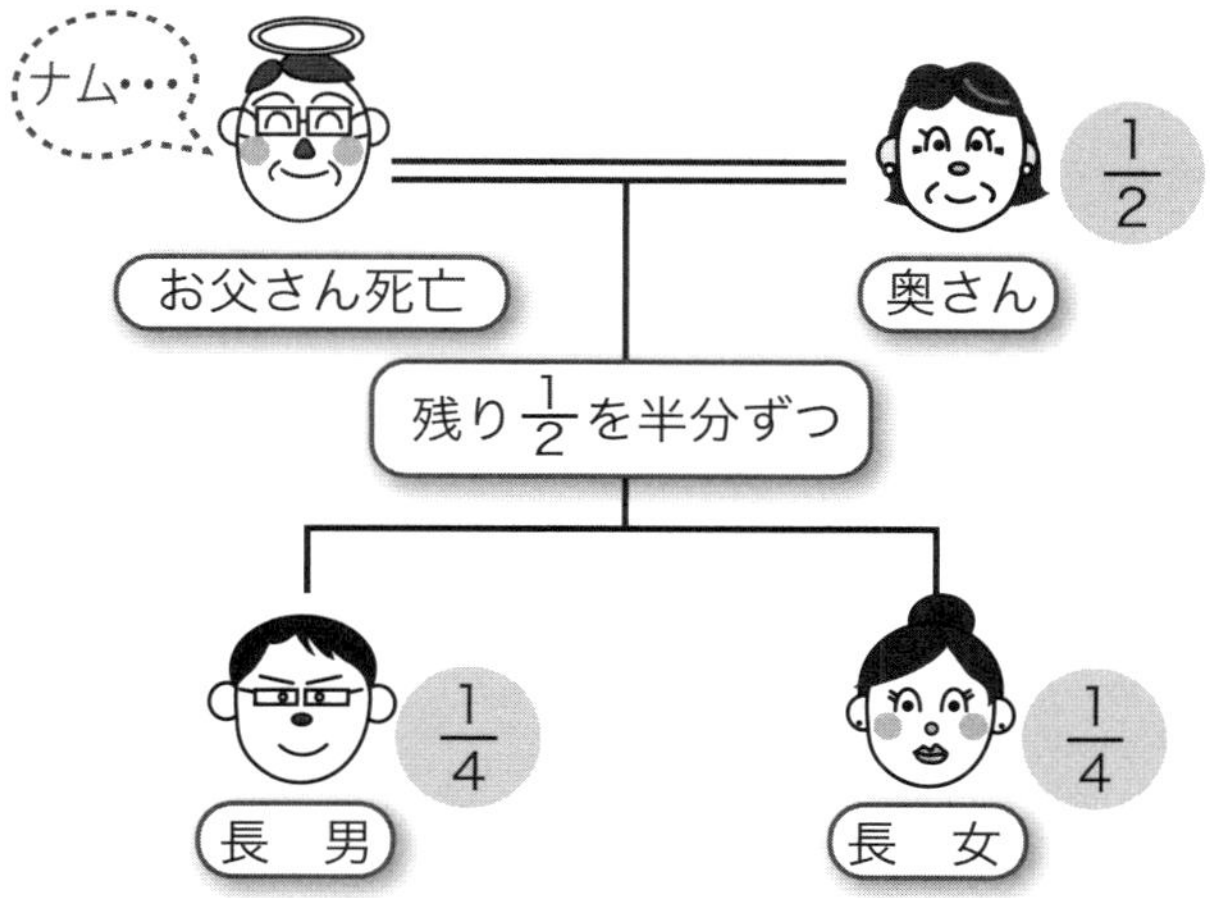

先に奥さんが $\frac{1}{2}$ を取って残りを子供達で分けるという考え方です。

section 3

「相続税の計算方法を知っておけ」

さっき相続税を支払う必要はないなんて安心させちゃったけど、相続税のことを少し説明しよう。

やっぱり公務員っていっても、先代から財産を引き継いだ人もいるから、税金を支払う人もいるんですよね。

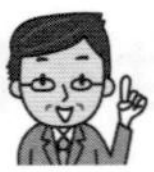

そうなんだ。だからちょっと税金の話をさせてほしい。この分野は少々専門だしね。

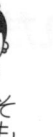

そもそも相続税って**人が亡くなって財産を残したときに払うもの**ですよね。

基本的には相続税は人が亡くなって相続や遺贈《いぞう》という遺言によって財産を取得した人にかかる税金だね。

相続税に限らないけど**税金は課税の対象になるものに、一定の税率を掛けて計算**するんだ。

スーパーでの買い物も、商品の値段に消費税の税率を掛けた金額が上乗せされていますよね。

相続税は**死んだ人が残した財産に税率を掛けて税金の額を計算する**んだ。

それじゃ消費税と同じような考え方をすればいいですか。

まあ課税する対象が**消費税は消費される物品等**で**相続税は相続する財産**ということだね。

そうすると**給料に所得税が課税されている**のは、**給料そのものが課税の対象**ということなんですね。

それから各税法は納税する人のいろいろな事情を考慮して、**非課税枠や控除のような措置**をたくさん設けている。

さっき説明してくれた**相続税の非課税枠三〇〇〇万円と相続人一人あたり六〇〇万円**っていうのもそうですよね。

そうそう、そういうこと。相続税だけ考えても、他に非課税枠や特別控除がもっとたくさんあるんだ。

そういうのもきちんと知っておいて、それを利用して税金を安くしたいですよ。

ああそれから税率なんだけど、**相続税は課税する相続財産が増えれば税率は上がって、たくさん税金を支払うこと**になるからね。
それじゃあちょっと相続税の計算方法のあらましを紹介するよ。

課税の基本的システム

現在いろいろなものに税金が課税されていますが、基本的には課税対象になるものに税率を掛けて税金の金額を計算しています。

税額計算	➡	課税対象になる物	×	税率

この課税対象が何であるかによって、各税金が区別されているということです。

税目	課税される物
相続税	…相続によって入手した財産
贈与税	…無償で手に入れた財産
消費税	…物やサービスの消費
所得税	…個人が何らかの手段で得た儲け
固定資産税	…所有する不動産等

まず、お父さんが残した財産を**奥さんや子供がそれぞれどれだけ分配**したかを明確にするよ。

このときに親族間で取り分で揉めるんですよね。

これがスムーズにいかないことには相続税の計算も少し手間取ることになる。

それで個々にもらった財産に税率を掛けるんですね。

ちょっと待って、ほら**基礎控除の三〇〇〇万円プラス一人あたり六〇〇万円**があったよね。

そうそう、あれ引かないと損しちゃいますね。

たとえばだけど、君と子供達で相続する財産が合計七二〇〇万円あったとするよ、たとえばの話だ。

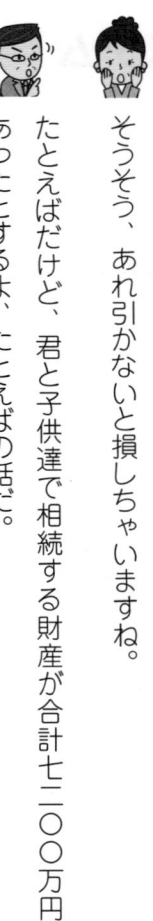

相続税の課税される財産

お父さんが亡くなったことを原因として奥さんや子供が相続する次のような財産には相続税が課税されます。

課税財産

① 現金預金、土地等の不動産、株式等の有価証券
② 著作権等、実体のない権利
③ 生命保険金
④ 死亡退職金
⑤ 死亡前3年以内に行った贈与財産
⑥ 相続時精算課税選択財産(参照P.300)

非課税財産

① 墓地、仏壇等
② 公共団体等に寄付した財産
③ 上記③④のうちの一定額

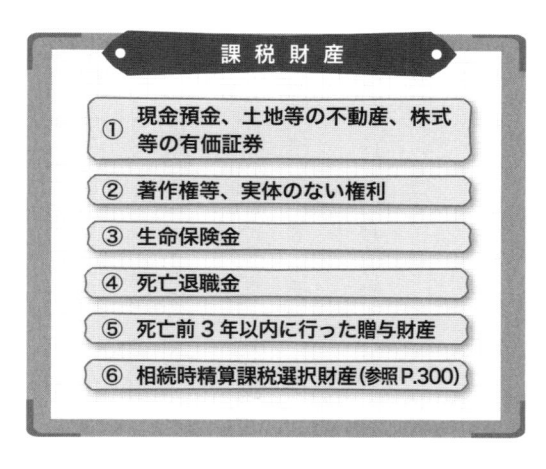

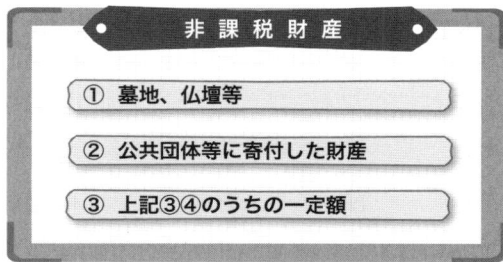

そうですよね。ウチは基本的に非課税ですから。

それを三人で君が三六〇〇万、長男が二一六〇万、長女が一四四〇万ずつ相続するとしよう。ちょっと分ける金額が細かいけど、この後の計算の説明のことがあるから許してね。

本当は二分の一と四分の一ずつなんですよね。

それはともかく元の七二〇〇万円から基礎控除の四八〇〇万円を差し引いた二四〇〇万円が出てくる。

この二四〇〇万円に相続税が課税されるんですね。でもこの金額だとずいぶん税金取られちゃうんじゃないですか。

相続税が課税される財産総額

民法の法定相続分はあくまでも法律が決めた取り分です。実際は、相続人全員の話し合いでそれぞれの取り分を決めるのが一般的です。

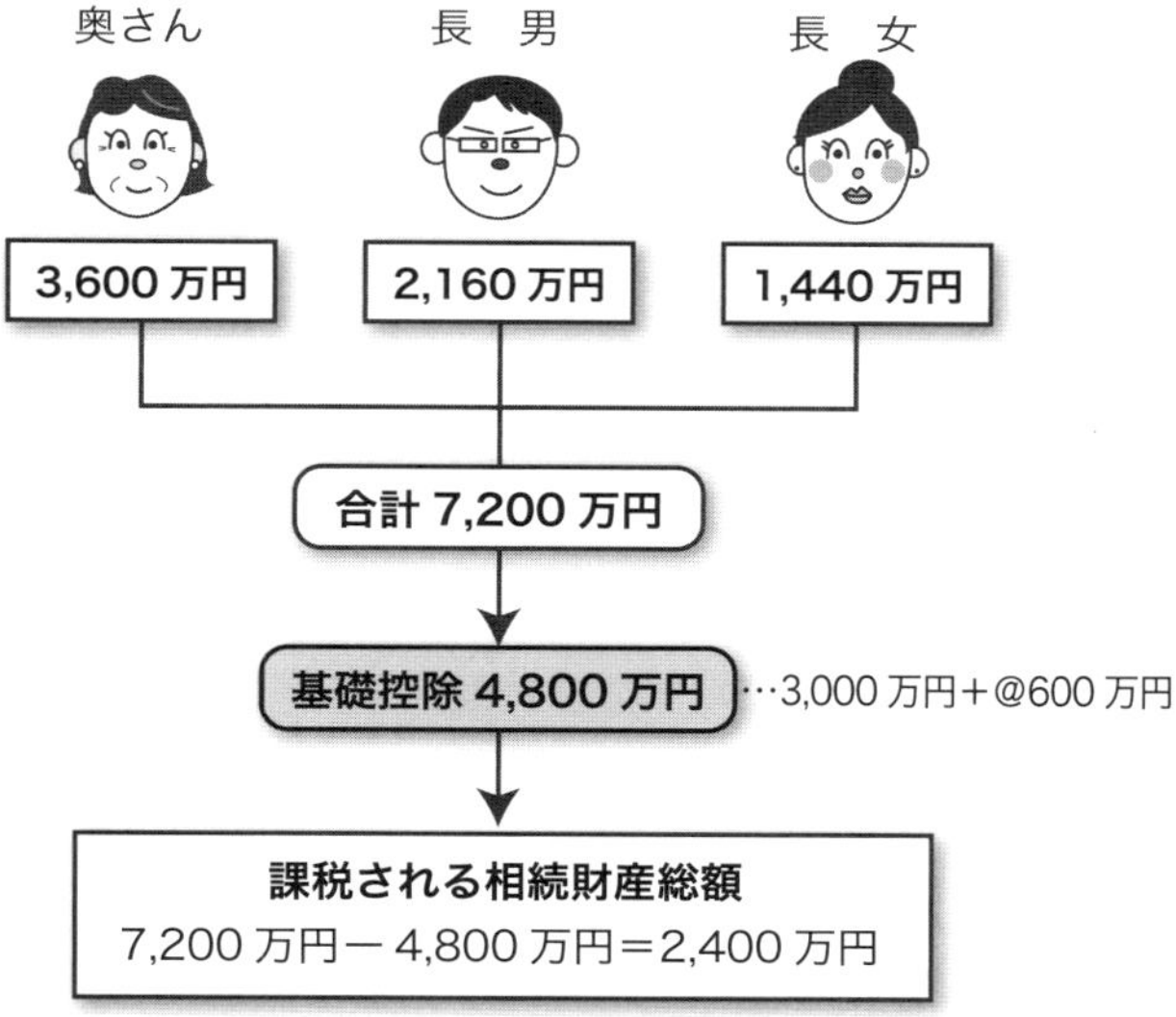

この取り分には何の制限もありません。したがって奥さんがゼロ、長女が 7,200 万円全部という 3 人の同意があれば、それが取り分になります。

section 4

「税額の計算はどうなっているのか」

いよいよ、この総額に税率を掛けて相続税の金額を計算するんですね。

それでね税額の計算は、一括した財産総額ではなくて、**法定相続分という民法で定められた個々の配分額に税率**を掛けるんだ。

なんですか、その民法の相続分って。

これは奥さんが半分、子供たちは残り半分を半分ずつ、つまり四分の一ずつにわけた金額だ。

だって**各人の財産の取り分は、本当はもう話し合って決まっているんですよね**〜

相続税の総額の計算

相続税の課税対象となる財産総額は 2,400 万円だとするとこれを法定相続分でわけると下記のようになります。

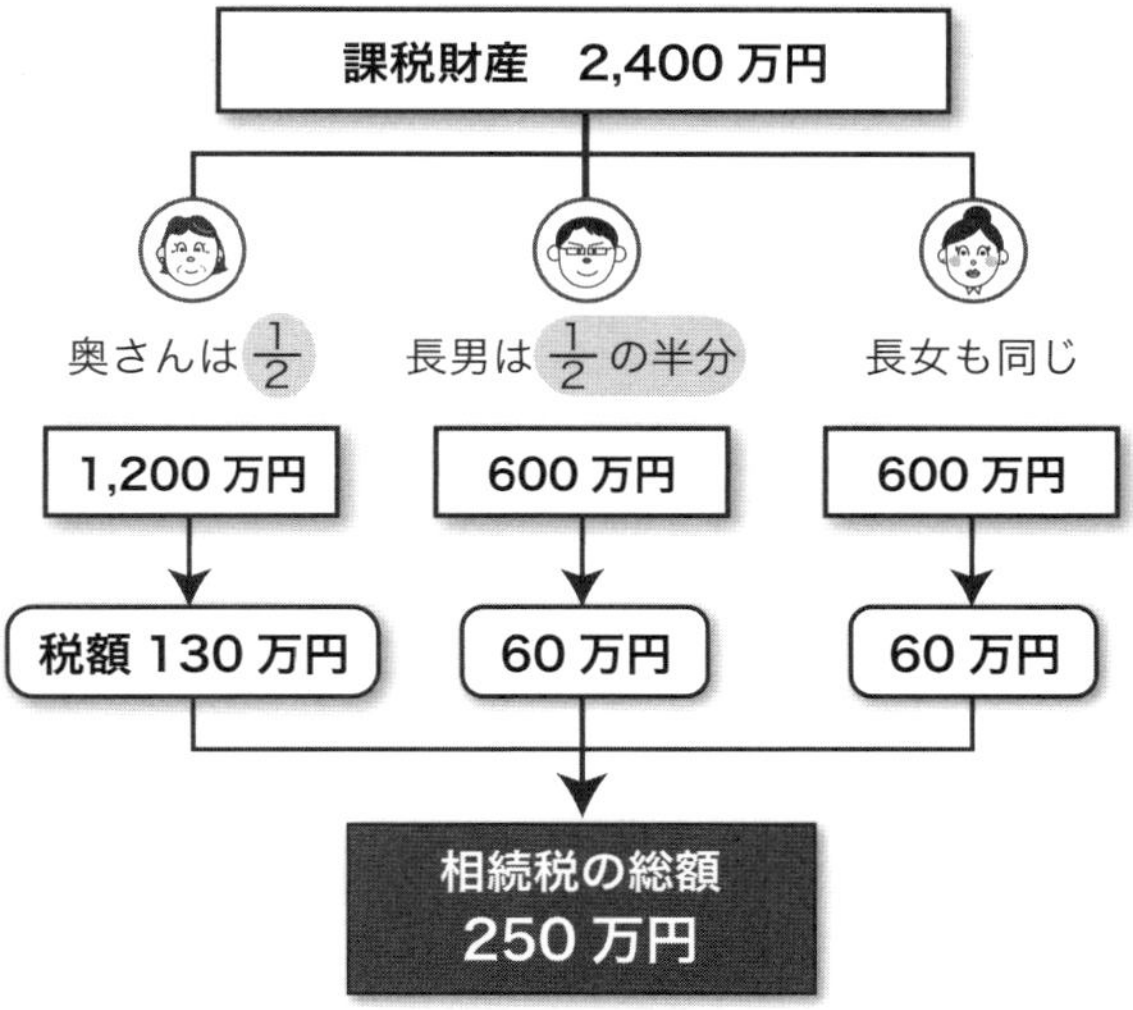

参考

	財産の額		税率		控除額		
妻：	1,200万円	×	15%	−	50万円	＝	130万円
子：	600万円	×	10%	−	0	＝	60万円

さらに、この計算された相続税の総額を今度は本来の取り分で按分《あんぶん》するんだ。

なんだか話し合いで財産の取り分が決まっているのに、合計したりバラバラにしたりして変ですね。

やっぱりね、民法とか相続税の法律の隙間をすり抜けて**合法的に節税をする人間がいる**からなんだ。

そんなことを考えて、いろいろ抜け道のないような方法で計算をさせるようになっているんですね。

そうするとさっきの相続税の総額二五〇万円は次のように三人に按分されることになるよ。

各々の納付税額の計算

相続税の総額250万円は、本来の相続分で按分されることになります。

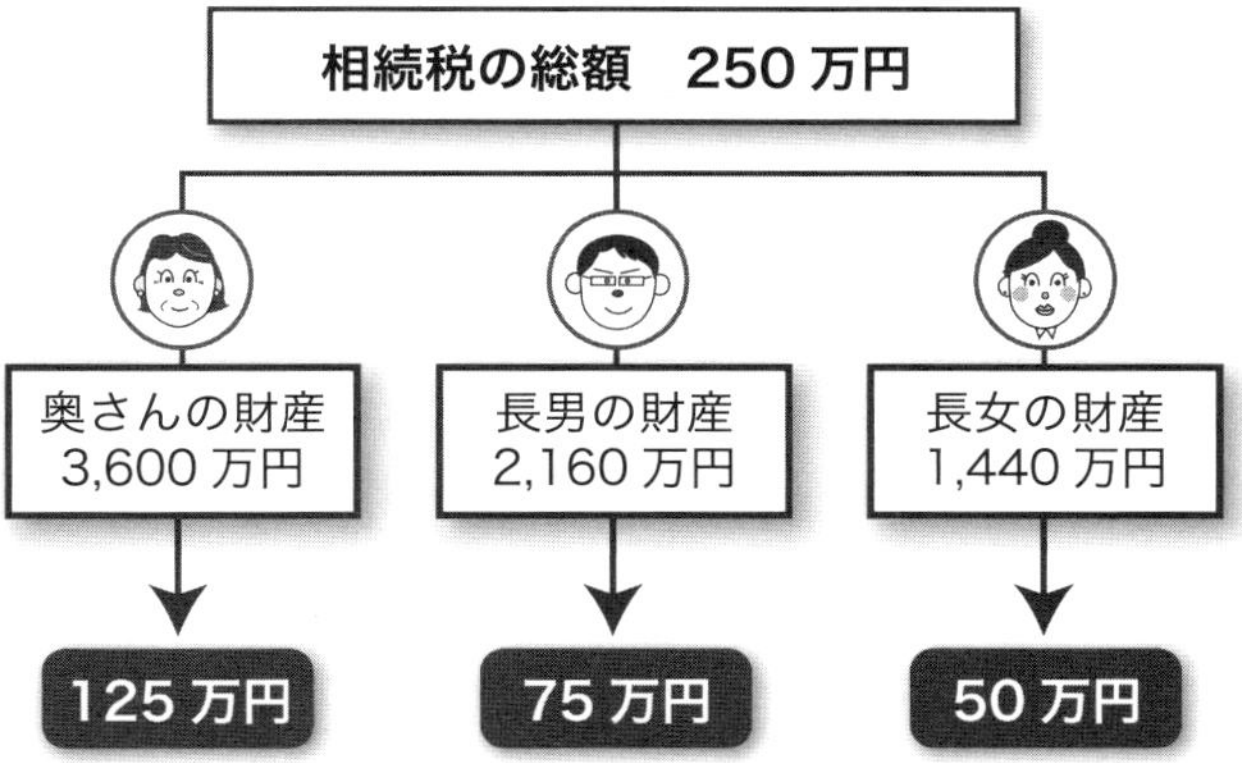

各人の納付税額は上記のようにその取り分に応じて按分されることになります。

250万円

奥さん × $\frac{3,600\text{万円}}{7,200\text{万円}}$ ＝125万円

長　男 × $\frac{2,160\text{万円}}{7,200\text{万円}}$ ＝ 75万円

長　女 × $\frac{1,440\text{万円}}{7,200\text{万円}}$ ＝ 50万円

section 5

「相続税の税額控除は重要」

これでもう、それぞれの税額が決まってこれを払うんですね。

さらにまた大事な取扱いがあるんだ。特に君のような奥さんにとってはお得な規定がね。

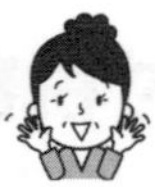

ああそれ知ってます。**奥さんの相続には税金がかからない**っていうやつですね。

本当に自分に関係することはよく知っているね。それ以外にも**税額をマイナスされる控除額**があるんだ。

それってどんな種類の控除なんですか。

相続税から控除されるもの

まずいちばん重要なのが配偶者の税額軽減です。

配偶者の税額軽減 ➡	配偶者が相続した財産が1億6,000万円か法定相続分までのいずれか多い方の金額までは相続税は課税しない。

これはよっぽど財産が多くなければ、相続した財産が半分なら奥さんには相続税は課税しないというものです。それ以外にも下記のような控除があります。

その他の税額控除

1. 未成年者控除
2. 贈与税額控除
3. 相次《そうじ》相続控除
4. 障害者控除
5. その他

section 6

まずは住宅の評価方法を知っておくこと

正直言うと、ウチの一戸建ては五二〇〇万円で買ったんで、基礎控除を超えちゃっているんです。

相続の財産評価方法は住宅ひとつを例にとっても、買ったときの金額や今の相場で評価するというわけじゃないんだ。

それならどんな評価をするんですか。

建物なら固定資産税の評価額、**土地なら国税庁が決めた路線価**《ろせんか》で評価するんだ。

なんか面倒くさいですね。

いやいや固定資産税なら**役所から通知書**が毎年送付されているからそれを見ればいいし、**路線価もインターネット**ですぐに調べられるよ。

住宅の相続税評価額

建物の評価額

毎年市区町村から４月～５月頃送付される固定資産税の納付通知書をよく見ると、自分の建物の固定資産税評価額が記載されています。

固定資産課税標準額

価　格	固定資産課税標準額
3,000,000 円	3,000,000 円

こういう欄があります

土地の評価額

国税庁のホームページを開くと「路線価」という項目があるので自分の住んでいる地区の地図を調べると家の前の道路に下記のような表示があります。これは 1㎡あたりの単価なので、これに自分の土地の面積を掛けてください。

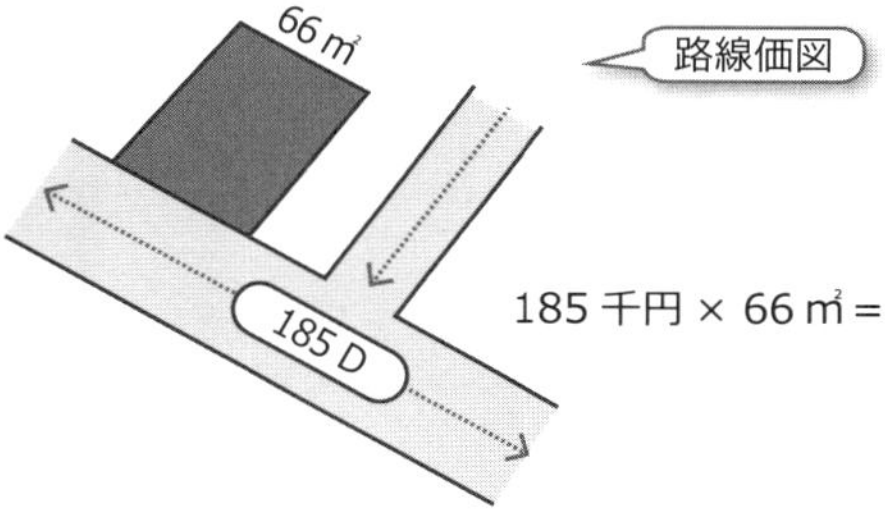

185 千円 × 66㎡ = 1,221 万円

section 7

「住宅ならではの軽減措置がある」

それから一般的なサラリーマン家庭なら、死んだお父さんの財産をできるだけ家族に残すような配慮もされているんだ。

住宅だっていま住んでいるけど、お父さんが死んで急に売却だとか、引っ越しっていうのも困りますよね。

一般的な住宅で百坪以内なら、**宅地の評価を一定額マイナスする**なんていう特別措置もある。

それならいま住んでいる住宅は評価額がうんと下がるってことですか。

そうそう、その下げた評価額を他の財産と合計して非課税になるかどうかを考えるんだ。

住宅相続の取り扱い

一般的には、お父さんが一戸建てを残して亡くなって、奥さんや子供がここに引き続き住み続けるときには、相続税の評価額を大幅にマイナスします。

宅地の相続税評価額が**5,000** 万円で奥さんが引き続き住む

面積 100 坪を限度にして相続税評価額を 80%減額できる

本来の評価額	5,000 万円
減額分	△ 5,000 万円× 80%
課税される評価額	1,000 万円

基礎控除以下 !!

section 8

「預金の評価はストレート」

相続のときにいちばんやっかいなのが銀行預金なんだ。

だって銀行預金なんてキャッシュそのものでいちばん良い財産じゃないですか。

だからみんなキャッシュに目が眩《くら》んで、揉めるんじゃないか。

たしかに土地一億より現金一億の方がずっと価値はありますよね。

それもあって**銀行預金は、住宅のように評価額をマイナスするなんてことはなく、ストレートに課税される**んだ。

銀行預金の評価

住宅や株式などは、減額評価が配慮されています。また借金はマイナス財産となり全体財産から控除がされます。ただし銀行預金は残高額そのものが評価額になってしまいます。

住宅5,000万円

評価減の特例あり

株式5,000万円

時価により低めに
評価される

借入金5,000万円

マイナス財産になり
全額控除される

普通預金5,000万円

ストレートに5,000万円
で評価

section 9

「相続税で損をしない方法」

相続も、財産がある家は心配の種になる。私の知り合いの農家で、この前、家族三人で合計二億円も税金を支払った家がある。

そうなる前に少しでも相続税を節約する方法ってないんですか。先生の家なんかちゃんと済んでるんでしょ。

まあそれはともかく、相続税の節税対策を専門にしている税理士もいて、大胆な方法で税額を減らしているよ。

そこまで大掛かりな節税ではなく、もっと簡単に節税する方法ってないんですか。

またいくつか基本的な方法というか考え方があるから紹介しよう。

まずお父さんの相続財産を減らすことが基本だね。そのためには**生前贈与を積極的に活用する**んだ。

でもそれだと贈与税が課税されるんじゃないですか。

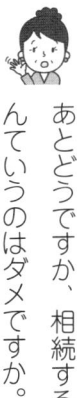

ところが**いま贈与税の非課税枠がどんどん広がっている**んだ。次の第十章で説明しているから参考にしてほしい。

あとどうですか、相続する前に預金を引き出して現金を持っているなんていうのはダメですか。

現金預金を引き出して、何か買うという方法がある。たとえば**お墓は非課税だから立派な墓地を買う**とかね。

そうそう**生命保険を使うなんて方法**もなんか聞いたことがあります。

あとはさっき説明した**配偶者の税額軽減を使う**ために奥さんにはきっちり半分相続させるといいね。

それはなんでなんですか。

今度はお母さんが亡くなったときに子供達がもう一度三〇〇〇万円プラス六〇〇万円の基礎控除を使えるからね。

もうちょっと大胆なものだとどんなものがありますか。

自分の土地に借金をしてアパートを建てる方法なんていうのもあるね。

そこまで行くとかなり大掛かりでなかなか実行には勇気がいりますね。

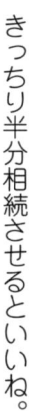

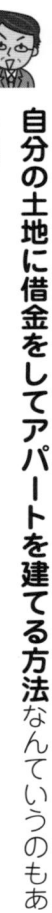

相続税節税のテクニック

下記のような方法で相続税が節約できます。

1. 生前に贈与税の非課税枠を使い贈与を積極的に行う
2. 預金を引き出して評価額の低い財産を購入する
3. 配偶者の税額軽減枠を最大限利用する
4. 生前から財産の取り分をみんなで話し合っておく
5. 生命保険の非課税を利用するためその加入をする
6. 財産が多い時は賃貸アパート等の建設を考慮する

いずれもリスクもありますので、専門家からのアドバイスを受けてください。

心得 その10

●相続財産は生前に誰に何を相続させるかを口頭で明確に伝える。さらに、これを遺言状で残すこと。

●相続税の納付が予想されるときは、早期に節税対策を実施しておく。

第十一章
PART 11

生前贈与で相続税を節税

section 1

「生前は贈与税、死亡すれば相続税」

なんか門前の狼、後門の虎みたいだけど、とにかく生前でも死んでも財産を譲れば国は課税するということだ。

相続税は、**一般的なサラリーマンが一戸建てと多少の預金を残しても課税をしない**ということでしたよね。

相続税はかなり多くの財産があって**税金を支払う能力がある人達から徴収しよう**ということだからね。

だから相続税を払う人というのは百人中の数人ということなんですね。

税法では税金を支払うことができる**担税力のある者に、税負担をさせる**という大原則があるからね。

だから**非課税枠とかを作っておいて、お金がない人たちからは税金は取らない**ということなんですね。

ただ各税法には課税する理由や目的があるから、なんでもかんでも非課税というわけにはいかないんだ。

ということは相続税が非課税でも他で課税するということですか。

そうなんだ。亡くなって、財産が、親から子供に引き継がれれば**相続税**、生前であれば**贈与税**ということになる。

つまり死亡後の相続税は課税しないけど、生前の贈与税は課税するということですね。

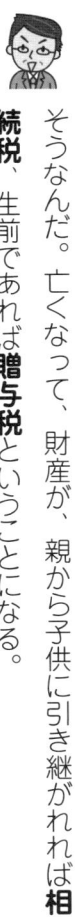

section 2

「現金や預貯金の課税回避」

たとえば現金や預貯金は、お父さんが亡くなれば家族がその財産を相続して家族に相続税が課税される。

それとは逆に、父親がその**現金や預貯金を生前に子供達に贈与すれば子供達に贈与税が課税される**んですよね。

でも贈与税にも相続税と同じように**基礎控除**があったらどうだろう。

それを使わないのはもったいないですよね。

贈与税の基礎控除は相続税の基礎控除とはちょっと違うんだ。

相続税と贈与税の基礎控除の活用

生前贈与を積極的に行い、基礎控除を活用するのが効果的です。

税金を払わずに、財産を家族にできるだけ多く残したい。

生前　**生きている間には毎年贈与税の基礎控除内で贈与をする**

↓

死亡　**相続のときには相続税の基礎控除を利用する**

結果的にかなり節税できてよかったアーメン

section 3

「百十万円贈与の注意点」

贈与税の基礎控除は**一年間で一人あたり百十万円**と決まっている。だから子供が三人いれば両親は毎年子供三人に合計で三百三十万円ずつ非課税で贈与ができることになる。

つまり毎年百十万円を何年にもわたり子供たちにずっと贈与できるということですね。

もらった子供達の方は、本人一人あたり百十万円が非課税だから誰か複数の人から合計百十万円を超えるお金をもらえれば、その超過分は課税されるからね。

上手にやれば子供一人につき**十年として一一〇〇万円、二十年なら二二〇〇万円**が非課税で贈与できるんですね。

贈与税基礎控除の利用

毎年子供に 110 万円を贈与するのですが下記のような注意点があります。

① 通帳、印鑑等の管理

親が子供に 110 万円を毎年贈与し、これを子供名義の通帳上に記帳していたとしても、その通帳や印鑑を親が保管していれば、これは贈与をしたと認められないので要注意です。

② 定期贈与

たとえば住宅資金等の目的で毎年 100 万円、10 年間で 1,000 万円きっちりと贈与したような場合は、始めから 1,000 万円を贈与する目的なので定期贈与として課税されることになります。

③ 生前贈与の加算規定

お父さんの死亡前 3 年間にこの 110 万円の贈与を行っていても贈与年度は贈与税の非課税ですが、死亡すれば相続財産として課税されることもあります。

section 4

「あえて贈与税を申告する」

それから贈与税の非課税枠を使わずに**あえて贈与税を支払って贈与を進める方法**もあるんだ。

わざわざ非課税枠があるのに、税金を支払うなんてもったいないじゃないですか。

といってもたいした税額じゃないんだ。贈与税の税率は百十万円の基礎控除後の額が二〇〇万円までは税率が一〇%だから百十一万円贈与したらどうだい。

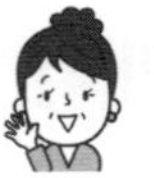

そうか百十一万円から百十万円引いて十%だから**税額は千円**ですね。

するとどうだい**十年間で一一一〇万円贈与しても税額はたった一万円**だろ。

わざわざ贈与税を支払うメリットってなんかあるんですか。

税法ではね一度課税したお金にはもう一度課税できないんだ。

それってなんか税務署の裏をかくみたいですね。

はっは、上手いことを言うね。でもまさにそういうことかもしれないね。課税後は表に出せるお金だからね。

でも二〇〇万円までは税率が十%っていうのは、意外に贈与税って安いかもしれないですね。

だからみんな非課税、非課税って百十万円のことを言うけど**私なんかはこの課税の方**を紹介するんだ。

毎年親から子供に百十一万円贈与して、その金額を通帳等に記帳して三月の贈与税の支払いとして千円だけ引き出す。

毎年差し引きで百十万九千円が残高として増えていくことになりますね。

必ず**通帳にその百十一万円の入金**と**千円の引き出しを記帳**しておくことが大事だね。

たしかに後から税務署に口頭で説明するのと通帳の記帳が残っているのでは全然証拠の力が違いますね。

それから通帳はもちろん**贈与税の申告書**と**納付書の控**、これは領収証みたいなものだけどこれもきちんと揃えておく。

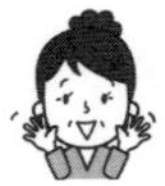

これでお父さんが亡くなって相続税のことで税務署が何かいってきても安心ということですね。

贈与税申告による節税方法

贈与税は 1 人 1 年間で 110 万円が非課税です。ということはあえて贈与税を僅か支払って家族 3 人に贈与しても、毎年これを継続すればかなりの金額を生前贈与できます。

おまえたち 3 人にそれぞれ 111 万円ずつこれから贈与してやろう

毎年：111 万円 ×3 人分＝333 万円 → **贈与税 3 千円**

髪の毛もなくなったが貯金もほぼなくなったこれで相続税の心配はなくなった

10 年間：3,330 万円 → **贈与税 3 万円**

もう相続の心配はないわね。

section 5

贈与税の計算方法

相続税の計算方法を説明したけど、ずいぶん面倒くさい方法だったよね。

なんかまとめたりバラしたり、足したり引いたりで難しかったです。

相続税は課税する金額も大きいし、民法のような他の法律も関係するからしょうがないんだ。

それで今度は贈与税ですけど、これも何か複雑な計算方法なんですか。

いやいや**贈与税の計算方法はすごく簡単だから**だいじょうぶだ。

まず贈与税は**一月一日から十二月三十一日までの一年間**での贈与について税金を計算するよ。

役所の四月一日から三月三十一日という会計事業年度とは違うんですね。

なんか日本はこの辺が不統一だよね。でもこの一月一日から一年という計算は所得税との関係なんて考え方もある。

それで実際に税金を支払うとすれば**財産贈与を受けた者が一人ずつ別々**に申告納付をするんですね。

これは翌年の**二月一日から三月十五日までに申告書という書類を住んでいる近所の税務署**に出せばいい。

それで税金は銀行か郵便局で支払うんですよね。いつも固定資産税をそうやって払ってます。

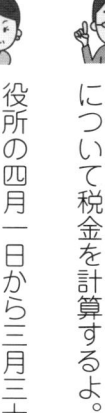

それで贈与税の計算方法なんだけど、まず一人一人が別々に一年間にもらった財産を合計するんだ。

祖父母や両親など複数の人達からたくさんもらっていてもとにかく**それを全部合計**するんですね。

あと税法では低額での財産譲受けや債務免除なんてのもみなし贈与って考えるんだけど、普通こういうものはない。

贈与でも課税されないものってないんですか。

大学生が両親から**生活費の仕送り**をしてもらっているとか、**結婚式の祝金**や**病気見舞金**は非課税だね。

それで贈与の合計から基礎控除百十万円をマイナスして税金を計算するんですね。

贈与税の計算方法

贈与税の計算は簡単です。一年間に贈与を受けた金額から基礎控除額をマイナスして税率を掛けるだけです。

（年間の贈与額 − 基礎控除）× 贈与税率

贈与を受けた財産が現金であればその金額は単純に求めることができますが現金以外の財産は時価評価というのをしなければなりません。

贈与財産 ----> 時価評価

また税率は現在、両親や祖父母から贈与を受けた場合には特例税率という低い税率を使います。

例 1,000万円の贈与を受けた場合

- 一般贈与税率
  1,000万円 × 40% − 125万円 = 275万円
- 特例贈与税率
  1,000万円 × 30% − 90万円 = 210万円

section 6

「非課税を利用しての現金贈与」

ちょっと聞いたことがあるんですけど、**子供に住宅資金を渡しても贈与税がかからない**んですよね。

いまTVやインターネットでそういう情報があふれているから、みんな知っているよね。

どうせ子供に残すなら**死んでからじゃなく、親が生きているうちに財産を譲り渡しちゃうと**いうことですね。

国の政策で、このようなことをどんどんすすめれば住宅建築により国全体の経済活性化に繋がるんだ。

住宅資金贈与の非課税

20 歳以上の者が両親、祖父母から一定の条件を満たす住宅を手に入れるための資金を贈与された場合は 1,200 万円までは非課税です。

① 対象者

20 歳以上で合計所得金額 2,000 万円以下

② 入手する住宅

住宅の床面積が 50㎡～ 240㎡以下

③ 非課税額

省エネ、耐震の住宅　1,200 万円
（上記以外　700 万円）

④ 適用

贈与を受ける者はこれを一生に一回しか利用できない。
非課税で税金は払わないが、贈与があったことを示すために申告をする必要がある。

それから**子供や孫に大学進学とかでお金をまとめてあげても非課税**なんですよね。

そうだね。贈与税を非課税にして、お金を次世代に積極的に渡してしまおうということだ。

なんでそんなに贈与税を緩くしちゃったんですか。

ほとんどの家では相続税が課税されないよね。だから先にどんどん贈与をさせちゃおうということなんだ。

そのお金で経済活性化ってことですね。

とにかく資本主義では、お金を使うことがその活性化のために大事だからね。

教育資金贈与の非課税

両親や祖父母が子や孫に教育資金を贈与し、一定の条件を満たす場合は、1,500万円までが非課税になります。

① 対象者

贈与を受ける子や孫は 30 歳未満

② 非課税額

1,500 万円（ただし学校以外への支払いは 500 万円まで）

③ 非課税額

1. 大学等、進学のための入学金や授業料
2. 塾や各種レッスンのための授業料
3. 通学のための交通費
4. 海外留学の費用

④ 適用

贈与を受けた者は、非課税で税額ゼロでも申告をする必要があります。

この**教育資金の贈与**は**両親**が子供のために贈与するのはもちろん**祖父母**から孫への贈与もＯＫというのがポイントなんだ。

なるほど、**かわいい孫のために子供への相続を飛び越し**てその先の孫へ贈与してしまいなさいということですね。

同じ一五〇〇万円でも株や不動産なら贈与で即課税だけど、理由によっては現金でＯＫということだから。

この住宅資金から結婚、教育資金の贈与の非課税は併用して受けることもできるんですか。

そうだね、この住宅、教育、結婚や教育の非課税はそれぞれの要件をクリアすれば併用することもできるんだ。

結婚、出産資金贈与の非課税

お金がないことを理由に結婚ができなかったり、出産ができない子や孫への現金贈与についても一定額までは贈与税が非課税です。

① 対象者

父母・祖父母からの子孫への贈与
受贈者は 20 歳以上 50 歳未満

② 非課税額

1,000 万円（ただし結婚式費用は 300 万円まで）

③ 支出の対象となるもの

1. 結婚式費用と新居引越費用
2. 不妊治療も含む妊娠、出産費用
3. 子の医療費や保育料

④ 適用

贈与を受けた者は、非課税で税額ゼロでも申告をする必要があります。

section 7

相続を見越しての非課税

贈与税の非課税っていうのは、手取り足取りじゃないですけど、ほんとうにいろいろあるんですね。

でもたとえば**住宅資金一二〇〇万円でマンションはもちろん一戸建ては手に入らない**よね。

そうですよね。三〇〇〇万円以上はしますから、やっぱりローンを組むんですか。

ところが**贈与税ではさらに非課税を認めている**んだ。

なんかもう丼ぶり勘定みたいで、国の政策もなにもないですね。

それで今度のこの贈与税の非課税は、後で相続があったときにその財産を精算しようというものなんだ。

なんですかその後で精算するっていうのは。

結局、贈与は生前の財産引き渡しだし、相続は亡くなったときの引き渡しだからこれをいっしょにして後で通算しようということだ。

もしこれが使えるなら**住宅資金の不足分も贈与を受けられます**ね。

そうなんだ。まさにその住宅資金贈与のための制度と考えていいだろうね。

住宅資金があれば若い人はマンションや住宅がほしいって本気で考えますよね。

そうすると需要と供給の関係で**住宅ラッシュ**、**建設ブーム**になって**経済も活性化**するだろ。

でも一部じゃもうマンションの売行は鈍っているって耳にしますよ。

そうしたらまた新しい税制で何か非課税が増えるんだろうね。

それでこの贈与税と相続税を精算する非課税ってどんなものなんですか。

この精算課税は**二五〇〇万円までが非課税でそれを越えても三〇〇〇万円までは税率が二十パーセントになっている**んだ。

けっこうな金額までですね。でも住宅贈与一二〇〇万円とこの二五〇〇万円で三七〇〇万円ですから家は買えますね。

相続時精算される非課税

60歳以上の両親、祖父母が自分の相続人になるであろう、子や孫に一定の贈与をしたときには2,500万円までが非課税になります。

① 対象者

20歳以上で相続人になるであろう子
20歳以上の孫

② 贈与者

60歳以上の両親または祖父母

③ 非課税額

2,500万円まで非課税
2,500万円を超え3,000万円までは税率20%で課税

④ 適用

贈与税の基礎控除110万円は適用できない
この適用を受けるためには申告書の他に届出書を提出する必要がある。

心得 その11

●死んで大金を残すより、元気なときに贈与をして子供達の喜ぶ顔を見た方がよい。

●贈与税の非課税特例を上手に利用して子や孫に財産を生前贈与する。

主な非課税特例。

・一年間一人あたり百十万円

・住宅資金一二〇〇万円

・教育資金一五〇〇万円

・結婚出産資金一〇〇〇万円

第十二章

PART 12

最後に少しだけ話そう

section 1

「なんでも信用しないように注意する」

二人でずいぶん長いこといろいろ話してきたけど参考になったことはあったかい。

この本のはじめに書いてあった公務員だったから社会的信用がものすごくあったけど、これからは逆に公務員ＯＢというので「**甘く見られるな**」という一言が印象的でした。

世の中には悪い人というわけではなくても、**退職金や老人の預貯金を狙っている輩がたくさんいる**から、これからは本当に注意しなきゃだめだっていうことだ。

大きな銀行や投資会社は、立派だから信用しちゃいそうですけど**本質的なところは同じ**だということですね。

とにかく親切で丁寧な説明をしてもらうと、コロッと騙されちゃうからそれだけは要注意だ。

退職金を絶対に守らなければということを肝に命じておかなきゃならないという話は、すごくよかったと思います。あとは、何に使うかという話も参考になりました。

リフォームや家の建替えにしても、業者によっては**とんでもない見積りをしたり**するから要注意だ。場合によっては勇気がいるけど住替えっていうのも老後のことを考えるときは大事だね。

あと老人宅改築の手抜き工事の被害なんて話もよく耳にしますよね。

この本を書く前に一番心配していたのが、公務員に限らないんだけど**新規事業に失敗したり、株などの投資で大事な退職金を失ってほしくない**という気持ちがあったんだ。

考えてみれば公務員のように商売の経験が全然なかったり、株式のような経済に影響を受けるようなものの知識がないですからむやみに退職金をつぎ込んではダメですよね。

それから何度も注意しているけど、**公務員だったという身分はこれからは、あまり語らないこと**が大事だね。

現役の頃は、社会的信用が高いから当然のように名乗っていました。

でも、これからは高額の退職金を持っている金持ちと見られるから。

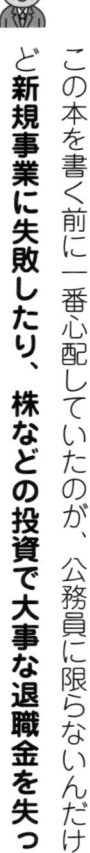

公務員は狙われていることを自覚せよ

① 社会的に信用できる人間だ

② 退職金をたっぷり持っている

③ 経済や世間のことには疎い

↓ 要注意!!

危険な投資話
新規事業の共同出資
会社役員の就任
保証人の依頼　etc

section 2

「退職金の使い方で後悔するな」

それから六十代といっても若いからね。**御主人には元気でもうひと働きしてもらって**、もう少し貯えが増えればそれに越したことはない。

そして残ったお金は子供や孫達にということになるんでしょうけど、これもいまの税法の説明を詳しくしてもらって、**いつまでも私たちがお金を貯めていないで早めに贈与しようって考えて**います。

ひとむかし前は子供に**現金の相続をちらつかせて老後の面倒を見させるようなこともあったけど**、いまは**老後にケアホーム**のような場所で暮らす人も多いしね。

そんなところも先生の話を聞いて私たちも覚悟が必要なんだっていう気持ちです。

大事な退職金だけど御主人とよく相談して、慎重に使い道を考えれば、**年金もあるし一生困ることはない**から安心していいよ。

あとはよく言われますけど**健康でいるってこと**がいちばん大事ですね。

最近は高齢者でもウツになったりする人が多いらしいから、**二人で会話をたくさんしたり**、**出かけたりする**ことも大事だね。あとは二人で**定期的に本格的な人間ドックを受診する**なんていうのも大切かもしれないね。

退職金をもらったら、これから先生のアドバイスに従って**慎重に使い道を話し合い**ます。

だいたい誰でも退職金の使い道なんてその詳細は考えていないのが普通だ。

でもそれだと**無目的に退職金を使っちゃう**か、**逆に貯め込むだけ貯め込んで無意味に残っちゃう**んじゃないですか。

あまり考えない使い方も、逆に変にケチケチして残してもしょうがない。やっぱり二人でよく考えて使い道を決めなきゃダメだね。

そうなるとウチはお父さんはあの通り何も考えない人だから、結局は私がしっかりしなくちゃということになるんですよ、やっぱりね。

いままでも家事切り盛りを一切取り仕切ってきたんだから、**退職金も奥さんが使い道を考えるのがいちばん良い**かもしれないね。

大金だし**効果的で有効な使い道**というのは難しいですね。

次のようなことをもう一度確認しておくと良いかもしれないよ。

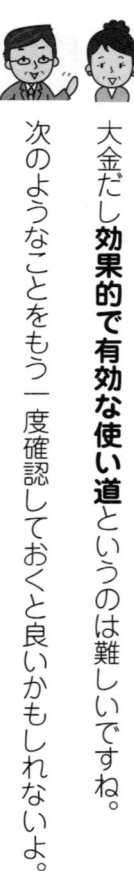

使い道決定時の注意事項

其の一
二人で本気で悩んで十分に話し合って使い道を決めること

其の二
本当に二人にとって必要なものかどうかを見極めること

其の三
いざという時には何とかなると考えて必要以上に貯め込まないこと

其の四
どちらが先に亡くなってもいいようにシミュレーションをきちんとしておく

其の五
残す分で兄弟喧嘩の原因をつくらないように家族全員で話し合いをしておくこと

section 3

「早い時期の決断がいちばん大事」

この前ヘアーサロンの週刊誌で、老後の余生の送り方特集みたいな記事があって感心したんですけど、**海外移住して老後を送ったり、**これまで住んでた住宅を売って**地方の別荘のような家で優雅に暮らす**なんていう生き方もあるんですね。

知り合いの先輩が、自宅を売却して温泉付きのケアホームでとても楽しく暮らしていて羨ましいと思うよ。

でもやっぱり自宅を売却して、まったく見ず知らずの土地に引っ越すというのは勇気がいりますよね。

でも一人きりになって、体も不自由になってからそういうところでお世話になるのもそれはそれで凄く寂しいよね。

最後の最後になって「**あ〜あ、やっぱりああしておけば、こうすれば良かった**」っていうことにならないようにした方がいいよね。

二人が元気なときに残り約二十年の終の棲家や生き方を早く決めて行動に移すということが大事ですね。

どうせ子供が同居しないなら、今の家も最後は処分されるんだから、自分達二人で手に入れた財産とわりきって、最後は自分達のために、有意義に使った方がいいよね。

なんかそう考えると退職金プラス住宅の売却代金で悠々自適に暮らせるような気がします。

税理士の仕事で相続の申告をするときに、**何でこの人は自分のためにもっとお金を有効に使わなかったんだろう**という人が本当にたくさんいるよ。

section 4

「プロへの相談も躊躇しないこと」

それから何か心配なことがあったらインターネットでもいろいろ調べられるけど、**専門家のアドバイス**をうけることも大事だから。

体のことなら専門医だし、財産の相続なら弁護士、税金なら税理士、不動産なら建築士や宅建士という専門家がいますからね。

プロへの相談は若干の料金が発生するけど、いつまでもクヨクヨ悩んだりしないで、**お金をケチらずにきちんと相談して**早めに解決した方がいい。

年を取るとどうしても心配性になりがちだし、変にいつまでも悩んでいたりしたら、うつ病の心配もありますよね。